不趕路的 親子休日

Selena 的旅行提案╳手作體驗╳親子對話

洪淑青 Selena Hung 著

足跡下的生命教育

就在《不趕路的親子休日：Selena 的旅行提案 × 手作體驗 × 親子對話》的書稿透過網際網路送達我的電子信箱時，同一週內，我也收到了數封推銷著前往世界各地觀光的電子郵件，以及家門口一張農曆新年假期的廣告傳單。這些讓人眼花撩亂的旅遊景點，包括了到瑞士欣賞白雪靄靄的高山；到美國紐約享受都市風華；或是到澳洲尋訪無尾熊和袋鼠。

在這樣的世界裡，旅遊不管是為了增廣見識，或是為了轉換心情，行程變得格外重要，「到哪兒去玩」成了景點蒐集的通關密語，就像一張集點卡上的點數。這些無疑是消費世界的操作，而在這樣的世界裡養兒育女，更多了一種經濟上的負擔，因為除了衣食溫飽外，還有另一項好父母的關卡要過：讓孩子有機會去看看世界。

如果說這些旅遊櫥窗裡擺的是鑽石，那麼 Selena 所描繪的，是黎明時分，草葉上的閃亮露珠。她所提供的是生活之中唾手可得的旅遊經驗：踏查家鄉，逛逛博物館、體驗農事、漫步水圳邊。而這些旅遊的經驗，又因著她提供的視角，變得更加豐富而精采。這個視角，

是以創意串起的氛圍，以驚喜的眼光，看待與自己相遇的事物。她說：

我們的旅行，
並不是旅行團中的經典好團，
無法提供超值豐富行程，
但我們擅長釀造氣氛，
因為每一次外出對我們而言，
都是一趟小旅行，
生活中處處有驚喜，
處處都有釀造氣氛的潛力。

這一味釀造的氣氛，對於旅遊來說，顯得分外珍貴。台灣這些年的許多建設，打著振興觀光的名號。一條條的快速道路劃過小鎮的慢活，高空纜車意欲取代徒步體驗的心靈經驗，越蓋越大的旅遊中心和觀光設施只吸引了走馬看花的遊客，帶來了消費卻不一定留下情感。我們真正需要的，是能滋養出呵護生命和環境的旅遊方式，而這樣的旅遊方式，正是 Selena 這本書為我們所揭示的。她及先生帶著一雙女兒，在她們所踏過的土地上，留下的足跡，是一次又一次生命教育的實踐。這個生命教育，是把當下的感受，都視為生命重要的養分；專注與周邊事物的連結，才是富有意義的；而共同的回憶，是家人之間最重要的資產；受到鼓勵、支持和讚賞的心靈，才能迎接生命中的挑戰。

這些點點滴滴，都真實地記錄在這本書裡，是 Selena 每天認真生活，認真經營出來的。它拓印了一家人的足跡，記錄下的一種生活態度，像不同葉片上的露珠，兀自呼應著晨光，又等候著明日的朝陽。讀完後，讓人更期待自己與家人的下一次旅行，以及 Selena 的下一本創意。

國立東華大學
課程設計與潛能開發學系副教授
林意雪

漫步公園，走在稻梗上，
在步道邊為了鳥兒稍作停留，親子的小旅行可以這麼說走就走。
小小的手作體驗，
Selena 和孩子用玩學的方式記錄下這貼近土地與自然的每一刻。
拿起背包，跟孩子出門去吧，在不分學籍的大自然裡，我們是永遠的學生。

呂軍逸（蝌蚪老師） 動物星球頻道主持人、蝌蚪池塘創辦人

這不僅是實用的親子旅行工具書，
書中結合旅遊點的人文背景和藝術創作的具體實踐，
更難得的是，Selena 的文字充滿對美感生活的熱情和思考，
她為孩子開一扇窗，讓孩子有實現夢想的能量和勇氣，
也提醒我們別忘了放慢腳步，感受日常生活的溫度。

何香儒 米奇巴克藝術總監

孩子不是綑綁父母於一方斗室的藉口：
隨著淑青帶著孩子遊台灣，利用隨手可得的小道具，
讓親子旅行變得更加美麗！

陳安儀 親職作家、資深媒體人

這幾年看到 Selena 專心耕耘於孩子的生活美學教育，
她清新、溫柔、細膩、執著地陪伴孩子們在尋常生活中，
建構出毫無造作感的藝術鷹架，
甚且，從行文間可讀到她越臻熟美的文字，
帶給媽媽們閱讀的樂趣，以及實用可行的親子創作生活。
一起來跟隨 Selena 的腳步，讓孩子的成長充滿了美，
那正是我們能夠應許給孩子的幸福。

番紅花 親職作家、知名部落客

跟著 Selena 和 zozo、yoyo 的腳步，
親子小旅行不再只是按圖索驥吃喝玩樂，
而是充滿創意與驚喜，與人文、自然有了更親密的接觸，
彷彿讓平面旅行地圖有了立體多層次的展開。
這些美好的小旅行回憶，將成為孩子一輩子的寶物！

　　　　　　　　　　　　　　　　陳嘉芬 水滴文化總編輯

Selena 跟我一樣，是一個全身投入「孩子遊戲玩國」的愛玩媽咪，
如今，她的創意教室裡不只有手作，不只是靜態，
他們邊旅行邊玩創意，邊移動邊留下愛的痕跡：
抓影子、玩拓印、收集果實、撕紙貼畫、一日小農夫……，
每一種活動都好好玩，旅行也能搞創意！
旅行真的不只是旅行！媽媽們快來和 Selena 偷學步啦！

　　　　　　　　　　　　　　　　彭菊仙 親職作家

親子外出旅行時，孩子的「眼睛」會更敏銳。
「睜」得大大，把所見的事物深刻地留入「腦海」中。
旅行時，小孩的「手」會變得更靈巧，會寫、會畫、會設計，發揮創意！
旅行時，小孩會變成「自然人」把自己融入鄉土、動植物的世界、山水景物裡，
看了《不趕路的親子休日：Selena 的旅行提案 × 手作體驗 × 親子對話》中
的 zozo、yoyo 雙胞胎，她們就是「小小創意家」，也是自然人。

　　　　　　　　　　　　　　　　鄭明進 兒童美術教育家、知名插畫家

溫和又貼近自我地與
土地自處相容

那些年，單身未婚的我特別著迷旅行，喜歡與他到處走走，我們倆曾經在歐洲租了車，持著德文版地圖，一副天不怕、地不怕的自信姿態，一路開車穿越多國，鬆散的歐洲旅行讓我在旅途中，遇見許多美好，也遭遇一些不平之事，當時所見所聞至今都還隱隱約約地影響著我，成了我一生中永不折舊的資產。

我們更常在台灣各地旅行。十多年前的台灣，交通建設並非如此發達，要到郊外還真有邁入千山萬水的忐忑不安與期待。如今，台灣被多條快速道路所切劃，連結著城市與鄉鎮，旅行的困難度比起從前降低許多，雖沒有當年那種艱辛、興奮的刺激感，卻讓已結婚生子的我，在親子旅行時變得得心應手、隨心所欲。

看看身邊這兩個小公主，她們占據了許多我個人欣賞美景、感受氣氛的時間，旅行中多半都花費在照顧女兒生理與心理的需求上。我心裡明白，要回復到當年那種在遊動中獲得美好滋味的狀態，其實已經太牽強，無法論及自由，但我多麼渴望能告訴孩子，曾經在旅途中的一個畫面、一段故事是如何牽動著媽媽的心，我想與孩子分享，旅

程中個人身心可以獲得什麼慰藉與衝擊。

但孩子還小，她們很難進入媽媽所描述的情境，我只能藉由一次又一次地親子旅行，牽著她們的小手用一種溫和又貼近自我的方式與土地自處相容，然後，企圖取得一些確切又微小的浪漫感覺。

於是，我們在旅途中，刻意發呆，視線望向最遠的那一方；我們在計畫裡，延緩腳步的催促，讓行程規畫丟在行李的最底層；我們在大自然中，閉上雙眼感受空氣的流動；在室內空間裡，學習從容不迫地面對建築物的包圍。這些過程只要靜靜地，慢慢地，帶有一絲妥協的服從，自然就能醞釀那旅程中確切又微小的氣氛。

孩子漸漸長大，我們與孩子必須學習如何彼此尊重。我們在旅途中刻意安排關於她們的行程，同時也執意加入大人的所好，親子之間試圖融入對方的喜愛，在兩種模式之中取得一種親密平衡。

從前單身沒有孩子的影子，如今多了她們，才發現原來趣味對稚齡的孩子來說如此容易醞釀，我們輕而易舉就能融入小孩的行程，但

孩子呢？她們得試著學習與成人相處，感覺大人那艱深難解的愛好，當女兒看見爸爸媽媽專注於某一些喜好時，她們或許也會受到我們熱切的眼神所影響，在成人的喜好之中，試圖找到一些關於孩童可能鍾愛的元素。

在旅途中，我們喜歡攜帶書及紙筆，常常在環境氣氛的擁護下，拿起書來閱讀，也在創造力被環境啟動時，留下一些痕跡在我們的筆記本裡，這些痕跡可能是一個戳印、一張紙、一段自己寫下的心情故事，或是一把土、一抹植物的汁液，一個感動的影子痕跡。當它們落在我們的筆記裡，夾雜著當時的氣味與心情，在多年以後再度拾起翻閱，竟輕易地開啟那時的回憶。我們明白，留下痕跡是一種旅行的見證。

這本書是我們和女兒在旅途中發生的所見所聞，從她們一歲三個月大時，第一次到嘉義出門過夜旅行，到最近一次的十歲環島，我們這八、九年來，踏逐過許多地方，她們對台灣這島嶼的認識越來越深刻，輕易地就能把台灣由北至南的地理位置排列出來。對旅者而言，凡踏過的土地，是難以忘懷而又堅定的記憶。如今，我把旅途中發生過的故事、收集的痕跡、親子的對話集合在這本書裡，若翻開這本書，會發現我與孩子與環境的對話，以及集合好幾段旅程的心情。

你不妨也計畫下一段親子旅行，和我一同享受與單身時期不一樣，卻又記憶深刻的旅程。

目錄 Contents

Part2 我們，漫步大自然

Part3　你我，在屋裡約會

Part1
旅行
怎麼
一回事？

喜歡旅行的調性是慢慢來，慢慢地呼吸這裡的空氣，

慢慢地感覺這個地方，慢慢地和這裡的人交談，

仔細感受「這裡」和「家裡」的不同。

為這些看似一樣又不盡相同的環境作比較，

收集這裡的美好，好在歸途中將這些美好化為喜悅的種子，

帶回自己的原點栽種。

小孩的旅行也可以很知性

一趟知性的旅行，
不宜過多重口味，
一點鹹，一點淡，還要清水慢慢飲，
動過要靜，靜後再動，
不趕路、不催促，
靜靜地觀察環境，
慢慢體驗環境中的千變萬化。

家的核心情感是需要時間投資，用心捏塑鞏固的，父母工作必然忙碌，但陪伴孩子是永遠不能忽略的基本作業。父親在我小的時候，事業正起步，常常忙碌到很少看到他，但我一直記得每逢假日，他會放下工作帶著全家人出去走走，有時到二手書店買書，有時找家餐廳吃吃飯，這些看似稀鬆平常的家庭行程，卻是當時小學階段的我最殷殷期盼的事。

父女三人在公園爬樹。

結婚生子後，我和先生有共識，在為事業打拚的同時，絕不能忘記，女兒才是我們最需要投入心力的重心，除了每日的陪伴之外，我們還另訂家庭日，增加親子相聚的時光，在這固定頻率的家庭日，我們得放下身邊的工作，和孩子一起出門踏青、窩咖啡館、寫生、做勞作、運動、擁抱彼此……，做什麼都可以。

我們的家庭日若是輕旅行型態，有時會在公園野餐、騎騎腳踏車；有時則是鄰近鄉鎮採果、野外戲水；有些時候，我們會安排大旅行，開車到遠一點的地方，在陌生之處熟悉它。我們會有一些旅遊前後的安排，旅途中也會隨性地安插一些知識性的小活動，輔助孩子認識這個陌生之地，同時，也利用各種書寫、剪貼、採集、寫作、攝影、錄影等收集模式，把孩子在旅途中發生的美好記憶，收藏或記錄在一本名為「痕跡本」的小冊子裡。

為什麼要去旅行？

艾倫・狄波頓在《旅行的藝術》（*The Art of Travel*）中說到：

旅程是思想的促成者。運行中的飛機、船或火車，最容易引發我們心靈內在的對話。在我們眼睛所見與我們腦袋中的思想之間，有一種奇特的關聯，那就是思考大的東西有時需要大的景觀，而新的思想有時則需要新的地方。藉由景物的流動，內省和反思反而比較可能停駐，不會一下子就溜走了。

新的地方往往可以促成新的思想，這是我多年來旅行的經驗，遠離熟悉之地，讓心靈、身軀隨著地理座標移動位置，陌生之地總是可以很自然又有效率地給予人們不同的想法，也許旅行的動機是為了過濾混濁的情緒，而這異地的確也讓人不失所望地沖刷掉這份混濁感。我則特別迷戀旅行帶來的感動與衝擊，而且也想讓孩子感受其中生理與心理的變化。不同城市風情以及旅途中遇到的小插曲故事，都會是旅行中效力最強的情緒轉換膠囊。

我們和孩子在旅行前總會有所計畫，行前準備、遊玩模式，甚至在告別旅程後，依依不捨下如何讓這份記憶深藏至心，都是我們計畫的範圍。

一顆地球儀就能讓孩子簡單認識世界。

旅遊就從地圖開始

讓孩子學會看地圖是一種必修且容易得高分的能力，當我們循著地圖，踏上真實土地時，平面地圖上的路線指示、指南針的方向、比例尺就這樣放大呈現。紙面與真實距離的感覺是需要累積經驗值的，讓孩子學會看地圖，觀測方向，這些可是很重要的生活技能。旅行出發前，我會向孩子簡單介紹此行目的地在哪兒？有時攤開地圖一起尋找地理位置，有時轉一轉地球儀，讓孩子瞭解方位，孩子的地理知識就是從這些小旅行慢慢累積而來的。每次出門前，我會把台灣的地理位置從北到南順排一次，讓孩子知道我們從哪兒出發？即將前往何處？途中會經過什麼城鎮？有一回計畫到澎湖，我甚至把台灣的離島一一介紹。也會教孩子簡單判斷方向，藉由太陽的位置得知自己可能在哪個方位。

目的地的簡易介紹

除了攤開地圖找地理位置外，還可以向孩子簡單介紹目的地，如果我們曾經走訪，則試著描述當時所看到的景色與心情，對孩子而言，添加爸爸媽媽的經驗故事，此旅途一定會格外親切且深具吸引力。有一回我們預計前往馬來西亞旅遊，我事先告訴孩子馬來西亞是回教國家，從前看過伊朗電影，影片中回教徒女性戴頭巾矇臉的畫面讓孩子有初淺的印象，那次當她們抵達馬國時，即能理解機場裡回教徒虔誠地默唸經文以及女性戴頭巾的畫面。

我們時常到高雄美濃，那是一個乾淨、恬靜的客家小鎮。我總會向女兒介紹美濃的菸葉、菸樓與客家文化，說著說著就泛起了自己十九歲時，在「鍾理和紀念館」巧遇鍾平妹婆婆（註）的回憶。當平妹婆婆溫柔地挽起我的手時，我感覺到被疼惜、被照顧，她的手傳來了溫度，暖化了我十九歲的心。這故事情感一直延續到至今，我和平妹婆婆的孫女有了情感的交集，女兒也都知道自己媽媽這段巧遇平妹婆婆的小故事對她而言很重要，所以到美濃時，總是懷有特別的感覺。

註：鍾平妹，為台灣鄉土文學之父鍾理和之妻，其長子鍾鐵民為台灣客家文學家。

繪本圖書是重要的角色

　　讓孩子的旅行有本伴遊小書，或是共讀繪本後，起而行做延伸旅行，起個動機讓孩子一起找尋書中的地方。我和女兒共讀《劍獅出巡》後，一起到台南安平找劍獅；《貪睡的穿山甲》描述的是台中南屯犁頭店的文化歷史，我們也一起走訪犁頭店；《真假荷蘭公主》、《鄭荷大戰》兩圖書更是幫助孩子瞭解鄭荷時期的台灣，是到台南古都找尋「熱蘭遮城」與「普羅民遮城」遺跡的最佳歷史圖書；還有圖畫中有許多高雄景點的《橘色的馬》，是我帶領孩子認識家鄉的書，像這樣的繪本圖書就能陪著孩子一邊旅行，一邊學習歷史與文化新知。

　　讓孩子隨身攜帶一本書冊（或筆記本）去旅行，這不僅可以隨心所欲畫畫，還可以寫下簡單的旅記，回到家後，孩子也可以重溫旅行滋味，為這次的旅行景點畫日記，把深刻的地方或活動記錄下來。女兒現在依舊常常翻閱從

七歲的 yoyo 畫在台東長濱玩水。

zoyo 把清水混凝土建築說成破房子。

前三、四歲的旅行計畫，都還能從中回憶起當時發生的趣事。

有時我會安排寫生活動，帶著畫筆、畫紙及寫生板，孩子走完了景點後，選擇安靜的角落開始作畫，這樣寧靜的觀察，更能讓他們從小地方認識眼前的景色。

刻意製造旅途中的回憶

為這次的旅遊找一個記憶關鍵點，透過關鍵點隨時可以勾起孩子的回憶。像是女兒四歲時我們去阿里山，她們走不動，我們隨意撿拾一支木棒，號稱是可以讓她們力量大增的「冒險棒」，女兒拿起冒險棒好像也感受到魔力，有如量產力量般地繼續往前行，這支冒險棒至今仍置放在家中，成為我們阿里山旅行的共同回憶。去花蓮旅行時，我們帶孩子住進了一棟面海的知名民宿，孩子的眼光與成人大不相同，把清水混凝土的建築說成破房子，雖說這是個不禮貌說詞，但這俏皮的「破房子」形容詞卻成了爾後我們再次提起這建築時，最關鍵的一個名詞，孩子永遠記得這建築作品啊！

走吧！快起而行，為孩子安排一場知性的旅行吧！這場旅行不但可以增進親子情感，更能累積孩子對這世界的好奇感受，以及爾後舊地重遊時，腦海中翻騰著兒時爸爸媽媽牽著他來到此地的美好畫面。

前往 ➡ 痕跡本 p01

我的基本資料卡

ZOZO 的旅遊書資料卡。

我的名字是 左左，

也可以叫我（綽號/暱稱）小毛球。

我今年 10 歲，從現在開始用這本塗鴉本紀念我的旅行。

我的個性 亥活潑、亥安靜，喜歡想事情。（媽媽最喜歡我這樣！）

最喜歡♥去（哪些地方）：臺灣東部，有海、有山、有風、有稻田的寬闊地區，

希望今年可以去 臺東、花蓮、宜蘭，

旅行中，我一定得帶幾樣東西，像是

① 紙筆 ② 照相機 ③ 玩偶小白熊

好棒！能多認識各地景點不錯！持續努力吧！！ 我常常在旅行這樣鼓勵自己， 讓我可以玩得更開心😊

我的基本資料卡

我的名字是 右右，

也可以叫我（綽號/暱稱）小芮子。

我今年 10 歲，從現在開始用這本塗鴉本紀念我的旅行。

我的個性 有時安靜，有時吵。有時開朗，有時害羞，愛搞東搞西

最喜歡♥去（哪些地方）：宜蘭、花蓮、臺東，

希望今年可以去 臺東

旅行中，我一定得帶幾樣東西，像是

① 玩偶小鹿豆豆 ② 紙和筆 ③ 內容豐富的小說

不管颱風下雨、晴天雨天，就是向前跑！ 我常常在旅行這樣鼓勵自己， 讓我可以玩得更開心😊

yoyo 的旅遊書資料卡。

屏東竹田老車站竟然有澡堂？！

　　屏東竹田有個很有味道的舊稱，它叫作「頓物」。乍聽之下像是「頓悟」的「頓物」，是客家語中囤積貨物之地的意思，早期竹田是六堆稻米集散地，是當時屏東的米倉，所以，在竹田車站旁，就有個「德興碾米廠」，而碾米廠的牆壁還有畫家李明則在十多年前親筆畫上的畫作。

　　木造建築的竹田車站建立於一九三九年，在日治時期是個重要的鐵路車站，這個車站甚至還有小庫房、水井及公共澡堂，是個麻雀雖小、五臟俱全的老車站。鐵路運輸沒落後，竹田車站曾面臨被廢站拆除的危機，但竹田當地居民及藝文人士積極努力，爭取保存這歷史古蹟，才讓這老車站得以繼續在屏東綻放它的幽靜芬芳。如今它叫作「竹田驛園」，園區內還有「池上一郎博士文庫」（日文圖書館）、「李秀雲先生攝影紀念館」，平時有鄉土教學活動，像是擂茶 DIY、彩繪檳榔扇、童玩製作等，只要滿二十人就可以預約參加。

竹田驛園

🏠 屏東縣竹田鄉履豐村豐明路 23 號　📞 08-771-2897、08-771-2376　🕐 週二～週日 9:00-17:00，週一休館。　❗ 2015 年 1 月 11 日起至 5 月底止閉園維護。

冒險棒撐腰，勇敢向前行！

給你一根冒險棒，
它可以為你披荊斬棘，支持你邁步前進，
當你走在陌生之處時，有如第三足支撐著你，
它可以為你撥離雜草，開墾前方的陌生，
它可以分解孤獨路程的無助，
猶如朋友與你相隨。
拿它指著天空、指著樹梢、指著地面，
信誓旦旦地啟程。
長久的路，需要冒險與勇氣，
未來，你的心裡永遠都得有一支冒險棒。

父母總是疼愛孩子，不僅溫飽寶貝的生活，也滿足寶貝對愛的渴望，父母同時又希望孩子獨立自主，接受挑戰，於是從小訓練他自己拿湯匙吃飯、獨睡、還要學習在購物後，自己到櫃台結帳，爸爸媽媽期望的是孩子在面對陌生環境時能夠處變不驚，但獨立的訓練是需要歷程的，孩子需要慢慢克服，以過關的模式一步一步往前，他可無法一下子就拍胸脯，說自己完全沒問題。

孩子要應戰，需要強大的勇氣，勇氣的來源可能來自媽媽的溫暖懷抱、爸爸的精神打氣，也可能是老師的讚美及朋友的支持，對於大孩子來說，身邊重要的人，能夠為他灌溉勇氣，他即能踏出應戰的第一步。

醞釀無比勇氣的神奇寶物

那麼，小小孩的勇氣在哪兒呢？醞釀勇氣的方式又是什麼呢？寶貝的手心也許還緊握著媽媽剛握過手的溫柔，他的臉上還有爸爸剛剛高舉起他，那保留刺激感餘溫的笑容，這些小小的幸福其實都可能轉化成愛與勇氣。寶貝女兒 zozo、yoyo 幼童階段時，天真地深信手上那把貼著亮片、黏著一顆星星的玩具魔法棒，具有魔法效力，唸唸咒語可能有明顯的效力展現。所以，小小的她們常常天不怕、地不怕，握著魔法棒，唸著小小星球的咒語，她們壯膽的勇氣常常來自這一支玩具魔法棒，甚至只要長得像魔法棒的都可以具有魔法，擁有這種特異功能。

還記得那一年，她們正值四歲可愛的娃娃樣，微風初秋，我們驅車往嘉義阿里山的 18 號公路，一路上山路蜿蜒，景色變化多端，越接近山頭，山嵐瀰漫，闊葉樹葉慢慢不見，取而代之的是針葉林及茶園梯田，這樣的幽幽氛圍一下子就左右我們的旅程計畫，原先目的地只是奮起湖，如今卻一心想直闖海拔二千二百公尺的阿里山。衝動的催促力量使我們直奔阿里山，下了車後，氣溫比起平地降了許多，嘴裡的熱氣也白花花地呼出，我替 zoyo

換上了厚外套，牽著她們的小手說要去冒險。這的確是冒險，山中雲霧繚繞，白茫茫的背景，能見度極低，這兩個小娃在這樣的山路行走，乍看之下，還真有舞台噴乾冰的效果。

有了它，危險都會迎刃而解

是我陶醉於旅行的氣氛，孩子可不這麼認為，這兩個四歲女孩看見眼前的山路，小小的臉裝了「驚嚇」的表情，她們用稚氣的聲音問著：「要走這麼久嗎？」看她們短短的腿兒，我真不知該如何安慰，只打氣著說：「不會很久，一個半鐘頭就可以到神木區，就可以看見神木囉！」然後，她們臉上有一種對未來的恐懼，一個半小時聽起來好像很久，甚至對神木也一知半解而提不起勁，如果真要實施這衝動下的探險，我們勢必要給孩子勇氣。對！這年紀的她們相信魔法，不如給她們一個看似有魔法的寶物，就如她們隨手一指就假裝有魔法的星星魔法棒。

帶著四歲的 zoyo 直奔阿里山。

於是，我們隨意撿拾自然落下的枯枝，選了適合她們的尺寸，自信而確切地宣稱這叫作「冒險棒」，有了它，一路上的危險都會迎刃而解，左右姊妹仔細端詳，然後就笑了，孩子總是這麼容易信任爸爸媽媽。她們拿著木棒揮舞著，玩弄木棒的樣子像極了八十老翁與老婆婆持杖作運動，這兩個「小婆婆」不時發出開心的銀鈴笑聲，一路上遇到陌生的東西也會大驚小怪的傳出驚訝聲，然後再用神奇的「冒險棒」用力一指，化險為夷。

陌生行程中的起步儀式

這幾年，「冒險棒」的儀式在我們家竟默默地流傳下來，不管是爬山走山路，或是到野外探險，我們都會帶著自己早已捆製的冒險棒，或是在現場就地撿拾枯枝代替。就樣子，即使有點暗、有點刺激，有點小無聊或是陌生的地方，只要有冒險棒領軍前往，她們就不害怕；只要有冒險棒撐腰，什麼問題都可以解決。

長大後，她們慢慢知道這棒子不過是旅途中的一個樂趣，但持杖前行的慣例常常增添了我們親子旅行中的快樂，這棒子好似也能使我們個個堅毅勇敢，只要我們帶著冒險棒，任何陌生之處都願意去闖關。

小孩可以有冒險棒增加勇氣，那我們成人需要什麼增加勇氣呢？家人的關愛？孩子的笑容？一本書的啟發或是一首勵志歌曲？我很努力想，才感覺到除了這些之外，還有最接近心裡的力量，就是自我勉勵，相信自己做得到。任何人心中有應該都有一支冒險棒，支援自己勇往前行，攪散失落的情緒，改造挫敗的城牆，讓自己充滿信心沿著冒險棒攀爬著，最後，再像個勇士與仙女，給自己施予幸運的魔法。這是一種精神的象徵。

前往 → 痕跡本 p02

地方產業也迷你調查

旅行時，你一定可以拿到許多名產和伴手禮，
它們是不是都有好漂亮的衣服（包裝紙）和配件，
試著收集起來並剪貼在痕跡本上。
如果可以，請寫上它們來自哪裡。

zoyo 收集的高雄旗山產
香蕉圖案的剪貼。

台南新化番薯餅的包裝紙。

真的需要冒險棒的嘉南大圳

　　想和孩子一起散散步，走進水圳邊，感受一點風、一點露，燕子低飛水道邊；想和孩子一起感恩稻穗鼓滿的田地，我們用散步的方式，慢慢地認識八田與一與嘉南大圳，不急不徐的腳步，不急著填知識，走一點路，讀一點歷史，感受當年的背景。

　　嘉南大圳是日治時期的水利工程之一，一九二〇年開始動工，一九三〇年完工。是由工程師八田與一（一八八六年二月二十一日至一九四二年五月八日）所建。八田與一改變了嘉南地區的農業環境，從「看天田」到稻貨量遽增，成為南部主要的米倉，嘉南大圳及烏山頭水庫（當時稱為珊瑚潭，因為形狀似珊瑚）的興建紮紮實實地改善了農民的生活。他曾預期這項水利工程可以使用年限為五十年，但如今卻已經歷了八十年。（參考資料：《日治時期的臺南》）

　　我告訴女兒，嘉南大圳很厲害，它很長很長，大大小小的支流水流就有一萬六千公里，可以環繞台灣十三周，繞地球半圈，她們聽了很驚訝，眼睛睜很大！我心裡竊喜，終於用一點點厲害的數據打動她們去認識水利工程，對孩子而言，水利建設應該很不討喜，需要一點啟動好奇的手段才是！爸爸 Doch 提議去散步，而且專走嘉南大圳的小路，為了讓孩子更期待這個行程，爸爸為左右女孩特製一支冒險棒，因為行走大圳的計畫太大，需要走的路很多，需要的時間也很長。

　　台南官田區 1 號省道與 171 縣道交叉點是個開始，若不仔細看，驅車在省道上一下子就呼嘯而去，不知路上的風光暗藏了多少歷史。走在小徑上，水圳的水藍藍綠綠，像是清涼的汽水，兩旁低矮的草，遍布紫色牽牛花，還有狼尾草搖搖晃晃。水圳邊種滿了芒果樹、龍眼樹，好「台南」的果樹（鄰近玉井區正是芒果的故鄉），還有養蜂人家把蜂箱放在龍眼樹下，醒目的藍色蜂箱吸引著我們的目光。

　　一下子就到了老橋（官田橋），這座老橋顏色雖黑黑暗暗，但感覺好堅固，女孩往橋下看，驚覺這兒那麼高！走幾步路，往遠處望，有白色小鴨在水塘裡悠游自在，小孩就是單純可愛，看見小鴨子就高興地又叫又跳，但鴨子好遠，女孩的興奮聲音讓一旁果園裡的看門狗急著護門大聲吠。

　　坐在地上，吃點小點心吧！這兒，都沒有人，只有小花、小草陪著我們，半個世紀前，多少個工程人員在這兒揮汗工作，才讓人們有個安頓的日子可過，也才讓半世紀後的我們坐在這兒感覺一點風，一點露，還有燕子低飛水道邊。

烏山頭水庫風景區

🏠 台南市官田區嘉南里 68-2 號　📞 06-698-2103、06-698-6388　🔗 wusanto.
magicnet.com.tw/　🕐 3 月～ 10 月 6:00-18:00，11 月～ 2 月 6:30-17:30，全年無
休　💲 全票 200 元／半票 120 元／優待票 40 元（台南市官田、六甲、東山、大內
等四區居民、4-6 歲幼兒童）／優待票 60 元（台南市 65 歲以上年長者）

捉弄你的影子

天上有一朵圓圓又白白的雲，
地上有一團長長又黑黑的影，
調皮的白雲變化多端，
端莊的黑影一成不變，
白雲笑黑影，是一個乾扁的黑糖糕，
黑影笑白雲，是一朵吃不到的棉花糖，
那我們來交換位置吧！
白雲變成烏雲一片黑，
黑影變成水花四處跳。

「速度」是決定旅行者觀看世界多寡深淺的關鍵因素之一，它同時也巧妙地主宰著旅行的氣氛。時速一百公里的汽車，奔馳在快速道路上，飛快的只能讓人們雙眼收錄一閃而過的刷痕；時速五十公里的摩托車，如羚羊般飛躍於馬路上，也許能在暫停紅綠燈時，觀察到吵雜人車混音的環境畫面正慢速地進行著；如果是雙足取代交通工具的路途，好似全世界的風光都蜂擁而至地擠進了你的雙眼，陌生人的對話、樹葉的搖擺、小蟲的環狀飛行、結黨的狗群……等，似乎所有畫面都一窩蜂地掃瞄至你的雙眼，沒有遵守規定地排隊，而擁入大腦記憶體。

收集步行牽引而出的驚喜

我希望那習慣以汽車為交通工具的女兒，能感受到「步伐」比起輪胎更具有魅力的踏實節奏，我們得走走路、踏踏田間小路或是磨過山林小徑，即便只是一、兩公里都值得嘗試，因為，步行所牽引而出的環境慢速變化，常常會帶給旅者意想不到的驚喜，我們應該去收集這份驚喜感，別讓它遺失在快速奔馳的路途上。

驚喜悄悄地來了，不用開車窗就能有徐徐的涼風吹來；不用特定停車待轉，隨時都能轉進小路裡一窺究竟；不用四輪傳動，我們的雙足什麼艱辛路段都可以行走攀爬，啟動雙腳的徒步旅行的確異於往常，孩子的接受度也因為處處有驚喜而節節攀升。

但如果我們遇上了一段風光無激情、讓人提不起勁的路段呢？沒有大自然作伴，沒有蟲鳴鳥叫的迷人景色，鄉村的風光與城市的美景都沒定焦在這路程上，灰色水泥路上盡是來去奔馳的車輛，這是一條無趣的產業道路，「提供快速抵達終點」是原始設立的宗旨，這幾乎沒有美景可撰言，但通往一段美好的散步路徑得先走過這一段路啊！怎麼辦？

原來是西方的落日在創作

　　還記得那一次，背起了背包，實施我們親子間固定的嘉南大圳散步計畫，一段枯燥的路讓我有點擔憂，擔心女兒會覺得無趣，看她們戴著帽子、低著頭走路，好像只能從地上找樂趣，如果此時螞蟻出來打招呼，或是突然發現一個銅板，這路程才可能突然創造出高潮跌起的劇情。我心裡有點擔心著她們是否無法自得其樂，然後對我喊「無聊」。

　　突然，黃昏斜陽從西邊鋪衍而來，通過蜿蜒的曾文溪，在溪上撒上一層閃亮的金粉，然後投射在路邊的水泥牆上，好柔和的黃昏光線啊！與日出光線截然不同，經過一日的矯揉沉澱，光線變得如此柔和又疲憊，它熱心地提供給孩子今日最棒的驚喜禮物——影子。

　　你看！我們的影子被貼覆在水泥牆上，黑黑的樣子好逗趣喔！是誰用黑色的紙張、巨大的剪刀裁了一個我？喔！原來是夕陽的傑作。又是誰把黑色的我像拉橡皮筋一樣，拉得細細長長地像個諧星在作秀？原來是西方的落日在創作。還在擔憂女孩會無趣的我，不顧女兒的心裡反應，便充滿玩心自顧地玩起影子遊戲，這水泥牆上的影子好喜感，就像是皮影戲一樣黑墨逗趣，活潑搗蛋，而我們就像是幕後的魁儡，身體四肢的擺動，控制著黑影。

九歲半的 yoyo 拍自己與爸爸倒映在水田的影子。

zoyo 在玩水田上倒映的影子。

深深烙印在記憶裡的回憶

然後，我伸起了腳，逗逗女兒，讓黑色大腳貼在小女兒 yoyo 的黑影上，女兒被我一捉弄，也精神抖擻起來。「我踢妳的影子屁股。」yoyo 哈哈大笑，好像代替影子來答謝我的特別照顧。

但她可不甘示弱地丟出招數：「我用冒險棒搔妳癢。」我扭扭捏捏地假裝好癢，zozo 好像也被 yoyo 搔癢了，哈哈大笑地跟著玩起影子遊戲。「我敲敲妳影子的頭。」這一敲沒有什麼道德壓力，可以盡情地敲敲對方影子的頭，女兒也配合劇情地點點頭，假裝說「好痛」。

於是，我們就在這水泥牆上，藉著西邊的落日光線玩了半小時的黑影戲劇，這一陣玩笑與捉弄美化了一段枯燥的路程，而這齣黑色幽默的皮影戲，就這樣深深烙印在我們的記憶裡，當女兒再度回憶起那天，腦子裡盡是影子遊戲，無聊的產業道路竟成了一段深刻的回憶，它就像是皮影戲布幕般，在幕後創造出高潮迭起的劇情。

原來，旅遊的氣氛是可以很人工地轉換，只要找對好方法，隨時可以改變旅行的氣氛，「無聊」只不過是一個短暫的過客。

抓住生活中的 影子

　　那是個沒有觸覺、沒有立體、只有黑色的你，但它的尺寸會因為光源的方向與角度而改變。如果，我們想捉弄自己的影子，它隨時可以聽從你的指示，做出讓主人開懷大笑的視覺效果，所以，我們應該要好好觀察這個忠心耿耿、沉默不語、不離不棄的黑色朋友。

　　只要有光源，生活中總會有許多黑色影子，像是我們身體的影子、建築物的黑影、樹木的葉影……，若仔細觀察這些影子，你會發現自己的影子有時長高有時變矮，有時還會分身成兩三個，不同東西的影子甚至在各種角度下，會產生和原物相異的奇怪模樣。我們在旅行中，隨意找出物件，把它的影子畫在痕跡本，這些歪七扭八的影子會很有趣喔！

zozo、yoyo 撿了一片菩提葉，把它奇怪變形的影子模樣描繪下來。

一點都不無聊的花蓮 193 縣道

在花東旅行，濱海的台 11 線及縱谷的台 9 線是主要的兩條南北交通要道。有一回在瑞穗看見美麗的秀姑巒溪，溪河對岸的 193 縣道神祕兮兮地，好像是一條讓人心曠神怡的祕徑，於是我們試著走這一條也可以回到台東的 193 縣道，而這「好奇」讓我們得到一段美好的鄉間之旅。193 縣道沒有 9 號公路的車潮多（事實上，台 9 線的車本來就不多），但它的田野風光卻是 9 號公路比較難遇見的！尤其在花蓮南部的部分。如果遇上稻穗未收割的日子，一路上便可看見切割成矩形的稻田，夏日拜訪時，幸運地可看見稻浪一波一波襲來，稻子結穗時，稻穗鼓滿地垂落而下，沉重的稻子想必已經被記上「准收成」的記號，有些田地邊甚至已有收割機待命工作，

這一大片黃綠色的稻田真美！路邊的灌溉溝渠其水清澈，女兒喜愛拿著落葉丟在水面上，順著水，落葉慢慢往下飄，這是我們最喜歡玩的樹葉遊戲——「落葉船」。若是冬日走入 193 縣道，也可以看見油菜花田黃黃綠綠地妝點這一片廣大的田地。

花蓮觀光資訊網

🔗 tour-hualien.hl.gov.tw/

孩子們！來一堂攝影創作課

孩子，你看到的世界和我的一樣嗎？
清晰的，模糊的？
大大的，小小的？
色彩的，黑白的？
我要用什麼角度觀看你的世界？
你的世界又是如何？
當你微笑時，
我想，那就是你喜愛的世界。

美玉姐（我媽媽喜歡大家叫她「美玉姐」）有八個孫子。每逢寒暑假，居住在中壢的大姊，就會將兩個兒子送回高雄放長假，兩位哥哥回外婆家，其他六個弟妹們就滿懷欣喜要相聚。美玉姐這八個孫子是一群年齡層跨越十幾歲的小孩，當大家集合在一起時，大人得想想適合大、小孩兩相宜的活動，還要輪流排行程，孩子們也很貼心，以回饋大人的心情，主動安排表演節目獻給大人當作飯後甜點小劇場來欣賞。

偶爾我也要像值週老師一樣，負責帶領這群小朋友出門。在外活動考慮的條件可多了，得符合男女孩都期待的活動，還要尋找兼顧好玩與安全考量的場所。

恰到好處的雨天備案

這一天，我計畫帶四個小孩參觀高雄歷史博物館，在靜態的博物館行程之外，還得安插個熱鬧動態的活動。當我們整裝完畢準備出門時，天公不作美，開始下起了毛毛雨，氣象預報不太樂觀地掛著陰雨綿綿的小圖示。我望著這四個小學生，臉上也掛著陰雨綿綿的失落表情符號。得好好想想，在這樣的壞天氣下，去哪兒熱鬧一下呢？既然無法戶外打球、曬太陽，不如

小孩子總是有創意，披著躲雨的塑膠墊當作是舞龍舞獅。

大家各自找一個柱子依靠。

找個半戶外的空曠之地，不僅可以躲雨，還可以讓這四個小學生消耗一下過多的精力。對！可以到高雄鹽埕區的真愛碼頭，那兒室內外空間都有，符合空曠又可以躲雨的條件，是下雨天的好選擇。

買了餐點，我們刻意鋪開野餐墊，坐在上頭、享用餐點，即便細雨飄飄，還是要營造度假風，在碼頭野餐可以享受一種港口的特殊氣氛，大船停泊在岸邊，海風在我們耳邊輕輕吹拂，這是一種雨天情調的港市風光。

我們來玩拍照遊戲好不好？

孩子用餐後就起鬨找歡樂，才不管肚子剛剛裝滿了食物，就玩起了倒立遊戲。看見四個孩子倒掛在牆邊，像是蝙蝠群體懸掛著，形成一幅逗趣的畫面，我順手拿起相機，拍下這詼諧的畫面。

這四個小孩年紀相近，崇恕與程程小學五年級，zozo 與 yoyo 四年級，能玩的遊戲豐富許多，相容性也很多。我說：「我們來玩拍照遊戲好不好？」四個小學生望著我，一副等待值星官指派任務的樣子。

就讓這幾個孩子當攝影師，來玩攝影遊戲。只要出個主題式的題目，然後

各自發揮創意，拍出你喜歡的照片就可以了！崇恕與程程較無自由創作的經驗，聽見姑姑阿姨說要玩攝影遊戲，一開始還有點拘謹，我鼓勵他們就當作是遊戲，不要預設比賽會分好壞，放開心，別把遊戲當測驗，作品本來就是自己喜歡就好，很自由的。

遊戲是樂趣的起源

在我們的鼓譟下，大家開始輪流當「出題者」、「模特兒」、「攝影師」，身兼數職玩攝影遊戲。我先出了一題「大船」，只要相片中有大船入鏡即可，yoyo 先當模特兒，其他的小朋友攝影師可以要求模特兒的姿勢，而擔任模特兒的人可要盡心盡力，完成攝影師的要求。拍攝完後，我們一起預覽照片，欣賞每個攝影師的直覺與構圖畫面。Doch 也出了一題「線條」，點醒小朋友別忘了環境中有各種線條；崇恕出了「柱子」題目，大家紛紛抱著柱子。接著我們又出了「大樓」、「框框」等題目，孩子被啟發後，個個漸入佳境，不管在出題、創意姿勢上都比較沒負擔地展現自己。只要成為了「遊戲」，似乎什麼都會變好玩、變輕鬆，什麼都可以是樂趣的起源。

找機會，你也和孩子一起來一堂攝影課，輪流當攝影師與模特兒，讓孩子用另一種方式創作，在攝影遊戲中學習從小視窗裡看世界。

崇恕找到一個「框」，假裝取框中之物。

前往 ➡ 痕跡本 p04

你也是小小攝影師

你準備好拿起相機拍照了嗎？
這裡有幾個題目，你可以試試看喔！
再把照片洗出來，貼在痕跡本上就完成了！

1. 家人學起你的樣子
2. 矮房子、胖房子、高房子、歪歪房子
3. 櫃子裡的祕密、抽屜裡的祕密、冰箱裡的祕密
4. 各種不同的影子
5. 我想自己出題目，題目是＿＿＿＿＿＿＿＿

zoyo 六歲四個月參加一個以「光與影」為主題的兒童攝影比賽，yoyo 的入選作品，評審張雍攝影師的評語為：「光線從門縫中悄悄溜進，彷彿只有小小攝影師一個人注意。整幅畫面呈現出一種舒適的寧靜，包裹上『請勿觸摸』的告示似乎也與光線稍縱即逝的特性有種默契式的呼應。」

zozo 的入選作品，評審張雍攝影師的評語為：「簡單的盆栽剪影的陰影，忠實地描繪出一幅具有濃厚古典氣息像是繪畫般的作品。相機在小小攝影師手中頓時間變成一隻畫筆，光線與陰影之間充滿無限的想像力。」

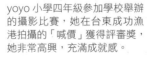

yoyo 小學四年級參加學校舉辦的攝影比賽，她在台東成功漁港拍攝的「喊價」獲得評審獎，她非常高興，充滿成就感。

適合邊玩邊練習攝影的高雄大東文化藝術中心

這數十年來高雄變化很大，我深深地感覺到，家鄉高雄不再是從前人們說的文化沙漠，因為文化綠洲的幅員越來越廣大，展演空間越來越多元，圖書館越蓋越多，一個重視文化的城市，早已經默默成形。

座落於鳳山都會區的「大東文化藝術中心」其建築獨特，常常吸引攝影人士前來攝影，如果帶孩子來這，不僅可以看展覽，也可以在戶外休閒跑跳，讓孩子嘗試拍攝大東藝術中心的建築。

大東藝術中心內還有一個以藝術為主題的圖書館，是目前台灣首座藝術圖書館，館內有許多國內外藝術書籍及影音資料，假日有戶外藝文饗宴，像是音樂會、兒童劇團表演等，皆是免費入座，非常適合家庭親子同遊。

大東文化藝術中心藝術圖書館

🏠 高雄市鳳山區光遠路 161 號　📞 07-743-0011　🔗 http://dadong.ksml.edu.tw/
🕐 週二～週六 10:00-21:00，週日 10:00-17:00，每週一及國定假日休館。

旅行前的萬全準備

孩子，我們要去旅行了，
媽媽得準備行李，
衣服、帽子、水壺、蚊蟲藥。
媽媽，我們也要準備行李，
小熊、玩具、小點心，
啊！還有爸爸和媽媽。

假期來臨時，我總會安排一場家庭旅行，不管是路途長遠的出遊計畫或是半天行程的閒逸小旅行，都能讓大人暫緩密集工作的疲憊感，轉換緊張的情緒；旅行也能讓家庭的氣氛更和緩、並且增加家人之間情感的凝聚力。

還記得第一次帶女兒出遠門旅行時，是在她們一歲三個月大的時候，那時選擇住在一個山上的小木屋旅館，白天我們騎著親子腳踏車在戶外吹吹風，心情十分愜意，女兒甚至還開心地哼著歌、揮舞著雙臂，但奇怪的是，夜間休息時，她們卻哭哭啼啼地睡不好，連我也感覺到自己身體不舒適。後來才發現，原來女兒無法適應濕氣過重的小木屋（這是過敏體質的我旁敲側擊得出的結果）。那一次旅行的經驗，讓我得到一個心得，一段舒適的旅程要考慮的因素很多，全家人的心情與身體都放鬆，才能使一段旅行愜意而舒坦。

帶小小孩出門要增加機警度

如果寶貝還是個需要大人抱著、牽著、特別照顧或是一興奮就往前衝的小小孩，那麼大人在旅行中的機警度可就要大大增加，行前準備也會比較繁瑣，只要準備萬全，就比較能讓旅程達到放鬆愉快的效果。

由於小小孩仍需大人悉心照料，體力也不及大孩子充足持久，所以行前準備更顯重要，以下列舉一些必備物品及注意事項：

自己帶餐具、茶水：由於小小孩的腸胃較為敏感，出遊時盡可能攜帶自家餐具（大人、小孩都帶尤佳），不僅考慮衛生問題，也是一種環保的落實作法。隨時補充水分，尤其在進行戶外活動時。

安輔情緒的小物品很重要：為孩子攜帶小玩具、貼身玩偶、畫筆與畫冊，在孩子無趣或失去耐性時，這些物品能提供非常好的支援，當孩子專注玩樂這些小物品時，爸爸媽媽也可以趁機休息，好好地吃飯。

注意防蚊、防曬、防蟲：若帶孩子到戶外踏青，蚊蟲及紫外線都是要特別留意防範，因為孩子的肌膚敏感，防蚊、防曬、防蟲的措施都要準備。別忘了，薄外套、帽子是防曬、防蚊蟲的最佳配備。

多帶備用衣服及毛巾：孩子出門難免有時會尿褲子或是玩水、流汗以致衣服濕透，所以一定要多帶一套衣服，以備不時之需。我甚至也會帶著一條小毛巾，幫孩子擦擦汗水。

隨身攜帶基本款醫藥包：像是健保卡、耳溫槍、OK 繃、止癢藥、口罩、指甲刀……等。

適時讓孩子休息片刻：小朋友出門旅行，容易因為太興奮而亂了平時的作息，

前往 ➡ 痕跡本 p06

旅途中，你看到👀什麼？
在這裡盡情地隨意塗鴉吧！

五歲十個月的 yoyo 在參觀嘉義板頭村後，畫下這幅畫。

導致夜間睡覺時，疲憊到胡亂哭泣做惡夢。為避免這種情形發生，隨時讓孩子有機會處在靜態的環境稍作休息，尤其是有午睡習慣的孩子，盡可能找個清靜舒服的地方讓他休息。

　　現在十歲的女兒和我們到處旅行，已經走過許多地方，還記得五歲過後，她們適應環境的能力比起寶寶時期突然增強許多，我們家庭旅遊的模式也因此越來越多元，比較可以南征北討地到處遊走，旅行的天數從一、兩天增加到環島五、六天，這樣大範圍的旅行常常讓我們在島內遊走時，像是一場大規模的戶外教學。

七歲九個月的 ZOZO 浮潛後所畫的海中回憶。

五歲九個月的 ZOZO 畫外婆與八個孫子。

小小孩仍需大人悉心照料，行前準備更顯重要。

帶大孩子可增加戶外活動時間

　　大孩子的旅行又有什麼需要注意的呢？大孩子明顯比起幼童精力旺盛，我們可以添加許多戶外活動、也可以拉長活動的時間，但和小寶寶一樣，孩子若玩得過度興奮，也會影響晚間的睡眠，所以行程的安排也要特別留意。

旅遊「點」數不宜多：不要急著趕行程，定點或少點旅行尤佳，讓孩子學習靜靜地觀察環境，如此才能對此趟旅行較能有深刻的印象，爸爸媽媽也不會有舟車勞頓之苦。

動靜相隔的景點：景點的安排頻率需動靜相隔，例如，已經安排需要體力的活動之後，接續下來的行程盡量要以靜態為主，一來考慮孩子的體力，二來讓孩子有個情緒轉換的緩衝時間。

從輕看待孩子旅途中的犯錯：旅行最重要的是氣氛，是全家人聚在一起的歡樂時光，如果孩子在旅途中犯了錯，可以放低標準，盡可能以警告方式作暗示，讓這場親子旅行延續歡樂。

旅行資訊 DM 帶回家：可以收集旅行中取得的景點 DM，以便下次舊地重遊時再利用，而這些旅遊資料也可以幫助孩子寫日記、作紀錄，對於造訪之處多一分深刻的記憶。

　　另外，讓大孩子（學齡孩子）學習出門前，自行準備自己的外出包，也是一種負責的學習。

充滿童稚的嘉義新港交趾剪黏藝術村

　　嘉義新港板頭村是一個可愛又充滿童稚的小村落，非常適合帶小小孩來遊玩。進入「交趾剪黏藝術村」後，只要沿著五分車鐵道走，就可以看見用許多馬賽克及剪黏藝術的公共藝術作品。這個鐵道從板頭厝車站開始，經灣仔內車站，到最後的復興鐵橋，一路上慢慢走，可以欣賞到許多讓大人小孩都為之風靡，瘋狂拍照的可愛馬賽克作品。甚至漫步至村內，隨時可以瞥見家家戶戶前有可愛的裝飾作品，像是剪黏信箱、馬賽克戶外桌椅等，而「板陶窯交趾剪黏工藝園區」更有馬賽克 DIY 的體驗活動。

板陶窯交趾剪黏工藝園區

🏠 嘉義縣新港鄉板頭村 42-3 號、45-1 號　📞 05-781-0832　🔗 http://www.bantao yao.com.tw/　🕐 週一～週日 09:30-17:30，週六～週日 11:00-20:00（剪黏主題餐廳，夜間開放），清明節及除夕休館。　💲 100 元／人　❗ 官網有詳細交通資訊

帶一本書去旅行

即便知道紙張有些重量，
文字有些分量，
但我依舊攜帶著一本書，
前往遙遠的目的地。
它是身處異地的我，最熟悉的朋友。

我想帶一本書去旅行，可能是艾倫‧狄波頓的《旅行的藝術》、約翰‧伯格的《我們在此相遇》、奧罕‧帕慕克的《純真博物館》、克里斯多福‧伊薛伍德的《再見，柏林》或是契訶夫的《帶小狗的女士》，這些書豐沃了我旅途的厚度，書中的故事情節及溫暖的文字溫潤旅行中的氣氛，一場旅行變得多樣多貌，可靜可動。

我尤其喜愛在咖啡館裡讀一本文學小說，中篇尤佳，一杯咖啡恰好是一則中篇小說的分量；夜宿民宿時，長篇小說陪我摸索黑夜裡的寂靜，沒有讀完也覺得夠味。奧罕‧帕慕克在《率性而多感的小說家》中說到：

在小說中碰到的聲音、氣味與影像總會喚起我們在現實生活當中找不到的真實感。

在旅行中去感受奧罕‧帕慕克所言的現實生活當中找不到的真實感，似乎可以比日常作息中更是深刻地找尋到，或者說，在旅行中，往往就能生產出可貴的心境。

書是旅行的同伴

喜歡旅行的我，在旅途中總會攜帶一本書及日記本，遇上心情點滴就在停靠的咖啡館寫一段文字，不同的天空下，不同的氣氛與場域都能讓心之所思產生微量的變化。孩子也受影響模仿著我，拿出畫冊起來畫畫，而當我被美好氣氛所驅動，而拿起書來閱讀時，女兒也能從自己的小袋子裡抽出童書讀本來閱讀。這是我們多年來的習慣，喜歡帶一本書去旅行，喜歡將書當作旅行的同伴。在旅行的行李中，真應該有一本陪伴自己的書，那是最確切的選擇。

旅行中的小朋友可以帶什麼書呢？女兒帶的書又是什麼呢？有時她們會帶一本文字書，夾在小背包裡喘息著新鮮的空氣，像是吐露著童稚的字句

飄散在各地。她們說：「我要帶《超級乖寶寶》、《吸墨鬼來了》，再帶《西貢小子》好了。」有時她們喜歡帶偵探小說，在旅行中加入刺激感的案情，這樣似乎也很對味，像是杉山亮的《名偵探》系列，總讓小學中年級的左右姊妹很入迷！小孩圖書的書名有時很矛盾，zozo 喜歡一本書名為《我是白癡》的書，yoyo 卻喜歡《我不是白癡》。總之，能在旅行中吸引孩子閱讀的書都是具有魔力的書啊！

陪讀陪尋的過程累積知識

我說：「關於旅行的，像是《寶島小遊記》一定要帶吧！」她們回答著：「那當然。」

前往 ➜ 痕跡本 p07

今天是 __月__日，我帶了一本書去旅行，這本書叫作《＿＿＿＿＿》。

請你抄下手邊的那本書的一段話吧！

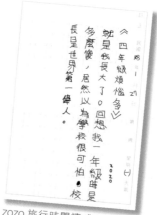

ZOZO 旅行時閱讀《四年級煩惱多》並從中抄下一段話。

帶著關於旅行的書是為了補充地理、歷史知識的，像是遊走台南府城時，我喜歡帶著王浩一老師的《在廟口說書》及《黑瓦與老樹》，而小朋友的圖書像是《寶島小遊記》。《寶島小遊記》是一本兒童版的台灣旅遊百科全書，它用可愛鮮明的插圖介紹台灣各鄉鎮的地理環境與人文歷史，它告訴小朋友台灣的河川與山脈、各地的風光與名產，還有各縣市的旅遊景點，色彩豐富的圖文說明一下子就能吸引孩子。雖是孩子的童書地圖，但也讓陪讀的我間接複習台灣知識，例如，台灣的歷史以及重要歷史人物，這些透過陪讀、陪尋的過程，讓我也偷偷複習知識呢！這本書隨著孩子長大越來越好用，越來越精采，因為孩子在學校學習的台灣知識已累積一些，加上這本書，互相加乘學習，讓孩子對台灣的認識越來越有深度。

前往 ➜ 痕跡本 p08

下面有幾本書，
你可以為它們設計**封面**，
並且取上**書名**嗎？

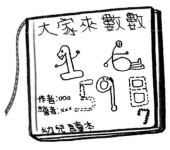

zoyo 為自己設計的書籍封面，全世界只有一本喔。

台灣就掌握在我們手中

旅行中的知識有時得仰賴父母的補充與經驗談，我常常用自己的手掌假裝是台灣島，東南西北的位置與城鎮都會簡單說一下，讓孩子知道我們從哪兒出發？即將前往何處？途中會經過什麼城鎮？zoyo看我的「手掌地圖」也有一些心得，對於自己在旅程中身處手掌哪一個關節都漸漸有些明確的概念，此時，台灣就掌握在我們的手中啊！

或許書不能代表人們真實的品味及喜好，但可以確定的是，我們都透過書追求某一些情境、獲取某方面的知識，或是營造某一種氣氛，尤其在旅行中閱讀更是深刻。你也帶一本書去旅行吧！讓自己隨心所欲投入書海，文學作品、科普叢書、生活休閒都可以，孩子的繪本故事書、旅遊知識書也行，只要能讓旅途愉快的、充實的，都值得你把它放入行囊裡。

下次，我要帶著安藤忠雄的自傳前往日本，按圖索驥尋找他那簡潔、融入自然的的建築作品。

女兒從小也能從自己的小袋子裡抽出童書來閱讀。

裡外都好玩的
台東兒童故事館

　　「台東兒童故事館」是一座孩子的天堂，如同台中國美館的「兒童繪本區」、雲林的「雲林故事館」、「他里霧繪本館」或是台南文學館的「兒童文學書房」一樣，都有許多為孩子準備的繪本圖畫書。「台東兒童故事館」前身是台東舊菸酒公賣局閒置宿舍，那是一座日式建築，老宿舍內是圖書閱覽室，牆面上、桌子上擺滿了書，新的、舊的通通都有，每週六、日還會有說故事活動。戶外是兒童公園，有一座讓人可以上上下下爬的樹屋很吸引人，這鋼鐵做的樹屋非常堅固，孩子可以自由地窩在自己的卵殼裡，看著天空、離樹好近，聽聽夏蟬的聲音。

台東兒童故事館

⌂ 台東縣台東市大同路 103 號　☎ 089-323-319　🔗 https://www.facebook.com/TaitungCSH　🕐 週二～週日 10:00-12:00、13:30-17:00，週六說演故事時間 15:30-16:30，週一及國定假日休館。　❗ 每個週末假日舉辦「週末說演故事時間」。英文故事，週六 15:30-16:30。中文故事，週日 15:30-16:30。

冷熱交替、
動靜相隔的旅行

走到了這個地方，
遠方的深藍布幕正準備著開幕儀式，
它吸引著人們注視它的一舉一動，
白浪捲來，偶爾幾隻飛鳥點綴著，
前景的綠色地景藝術是這場戲唯一的舞台背景，
接著，觀眾可用「快／慢」、「冷／熱」、「動／靜」的按鍵鈕，
選擇自己觀賞的模式。

利用借位攝影效果，很像在戳氣球。

　　喜歡旅行的調性是「慢慢來」，慢慢地呼吸這裡的空氣，慢慢地感覺這個地方，慢慢地和這裡的人交談，仔細感受「這裡」與「家裡」兩處的不同，這兒的氣候、人們說話的口吻、栽種的植物都和家鄉不太一樣，就連建築物的風格也不盡相同，我喜歡在這些看似一樣又不盡相同的環境裡，做兩地的比較，收集這裡的美好，好在歸途中將這些美好化為喜悅的種子，帶回自己的原點栽種。

　　「慢慢來」的調性讓我的旅途有了筆記式的心得。我能明確地比較出山上午後的一場細雨與家鄉海邊那種海天相連的大雨，兩者相差甚多的天氣景象；丘陵地的芒果樹花與臨海地區的馬鞍籐紫花各自負責美化兩地的風光；我也能感覺出山坡地的果園與梯田式的水稻田，兩者雖都是有坡度的種植，但環境氣氛卻相差許多，一個滿是果蟲卻結實纍纍，一個是期望稻子破鏡成長的鏡面水田；我也能感覺到退潮時，在潮間帶彎腰撿拾螺貝、海菜的人們與務農的農夫硬著頭皮，埋頭苦幹的姿態與態度同樣具有堅定意志；我還能在不同的城市看見同一個建築師，在不同的城鄉為他的作品因地調整。

　　旅行中「催促的聲音」要酌量，不趕路的行程能讓我們對此行、此地有深刻的感覺，若能在旅途中立下逗點稍作停留，在當地的圖書館或書店，餐廳

位於台南土溝村的水牛書店。

或咖啡館、博物館或文物館，甚至在地居民家中逗留，更能完整包覆當地的氣息。

創造記憶，滿足需求

　　當有了孩子加入旅行後，其調性不能只是「慢慢來」，勢必得多一點共存法則，「慢慢來」並且需要「冷熱交替」，調性節奏依舊是慢拍，但得為孩子加一點屬於他們的樂趣，因為孩子的體內永遠有「好動」的熱力音符跳動著，他們需要有趣的，刺激的，好讓這場旅途有一些專屬於他們孩童的記憶。我們曾帶著 zoyo 去逛新竹北埔老街及老聚落，美食及老屋之旅對孩子來說並非十足吸引，所以，當我們準備回程時，她們疑惑著，「真的要回家了喔？怎麼覺得只有去一個景點？」我明白孩子失望的不是景點少，而是沒有專屬她們的行程，於是，我們找了一所小學，讓她們可以在操場跑跑跳跳，燃燒過剩的熱情，她們開心地玩遊樂器材、撿果實，最後滿身大汗地宣告：「滿足了，好好玩喔！可以回家了。」

　　但要安排這些有趣的動態活動必須和靜態活動相配合，動過要靜，靜後再動，盡可能不要是「極動」或「極靜」的行程。

　　有一年，我帶孩子去台東知本泡湯，孩子高興極了，那是那次旅行的重點，泡湯前，我特地安排一個靜態活動，好讓她們平靜地等待下一個泡湯行程。

我們在一間老屋咖啡館,感受老房子被改造重生的魅力。當心靈沉靜後,我們再到湯屋泡湯,泡湯對成人而言是放鬆,對孩子來說卻像是在泡水玩樂,溫泉的熱度顯然提升女兒的開心程度,讓她們樂不可支。泡湯結束後,我們還在旅館為她們買了一顆溫泉蛋,讓整個行程有個完美的溫泉蛋句點。

收斂情緒,回溫美好

女兒七歲那年,我們帶她們去體驗浮潛,第一次要下海浮潛的左右姊妹既期待又興奮,穿著緊身的浮潛裝,開心地像個小忍者到處彈跳,當她們浮在水面上,眼睛往海裡看,七彩顏色的小魚與珊瑚悠游於水中,她們像是一見鍾情的小戀人,捨不得將視線挪開,直直盯視著海裡美麗的世界。浮潛結束後,我們選擇了一旁可以看著海吃麵的陽春麵店,在那兒回味海裡所見的美景,南風吹動了女孩微濕的長髮,飄逸的,休閒的,好有一番南國的氣氛,而此次浮潛的震撼感就在暖暖南風吹來之中慢慢收尾。

台東鹿野開始舉辦熱氣球季時,我們就已經捷足先登來到鹿野高台上欣賞熱氣球的巨大美,雖沒有登上熱氣球,但孩子在鹿野高台上看見如此多巨大的熱氣球升空,心裡高漲的情緒也跟著升空了,在高台上,孩子利用借位攝影效果,又是戳熱氣球又是抱熱氣球的,趣味橫生!結束熱氣球之旅後,我不再帶她們繼續太興奮的活動,而是帶她們到鹿野山下的龍田村,休閒地坐在草皮上,那片草皮是觀賞飛行傘降落的最佳位置,只要仰頭望,就會看見從高台上一躍而下的飛行傘運動員,在天空實現自己的夢想,zoyo 在地面看著天上的的他們,揮舞著雙手,為他們大聲喊加油。

動過而靜,能讓孩子慢慢收斂過於亢奮的情緒,並且回溫剛剛的美好。靜過而動,孩子在養精蓄銳之後,才有足夠的力氣迎接下一個活動,而這才能讓他玩得沒有負擔,玩得盡興。有孩子的旅行行程,就該「動過要靜,靜後再動」,這是一種恰到好處、剛剛好的中性頻率。

前往 ➜ 痕跡本 p10

冷的與熱的旅行

冷的與熱的旅行

有沒有不冷又不熱的行程呢?

🖊️ 冷冷的行程:⑴趕路 ⑵去咖啡館 ⑶睡覺
⑷看展覽

🫖 熱熱的行程:⑴去玩水 ⑵打球 ⑶騎腳踏車
⑷跑步

熱一熱
熱

其實兩種我都喜歡啦!

冷

你覺得旅行有沒有溫度呢?
什麼是冷的行程?什麼又是熱的行程?
把它們列寫出來吧!

yoyo 心目中的「冷行程」與「熱行程」。

孩子也驚艷連連的墾丁萬里桐海邊浮潛

　　屏東墾丁萬里桐海邊淺灘是較安全的浮潛之處，很適合當作孩子的浮潛初體驗。萬里桐海域有許多珊瑚、海膽，熱帶魚……，其生態非常豐富，zoyo 第一次去浮潛時是到「海邊」浮潛，教練會用以一條繩子拉著孩子，讓沒有經驗的大人、孩子（甚至小小孩）可以安心浮潛，zoyo 一看見海底世界，嘴裡一直發出「嗚嗚」的聲音，原來咬嘴在嘴裡無法發出「哇～」的聲音，她們幾乎是一路嗚到底，驚艷連連的讚嘆聲一直透過水波傳到我的耳邊。

海邊浮潛

🏠 屏東縣恆春鎮山海里萬里路 16-1 號　📞 08-886-9355、0939-590-268　🔗 https://www.facebook.com/beach8869355　🕐 於活動前三日來電預約確認　💲 請電洽
❗ 出發前打電話確認當天的氣候、海況是否適合浮潛。

孩童專用的「等待時間耗時法」

孩子總是甘願花時間在小事情上，
這一台小小的坐車，
其實不用大費周章地從山坡下推回山坡上，
工作人員可以騎著摩托車來拉車，
但她們卻覺得自己推回山坡上，
是一套限量版的玩樂套裝行程，
所以，別阻擋她們！她們甘之如飴。

在我成長的回憶裡，小學階段有幾次和奶奶兩人外出的回憶，不常出門的奶奶會帶我去朋友家，她總是牽著我的手步行約一、兩公里，當奶奶碰上好姊妹，就會兩人圍坐在一起，打開話匣子，無所不談，在她難得出門的時間裡，彼此吐露一些姊妹之間的祕密，這是多麼彌足珍貴！而對於大人之間的對話完全不感興趣的我，只能乖巧的坐在一旁痴痴地等待。奶奶是個細膩的人，不時轉過頭看看身旁的我，看見小孫女無事可做，她好像也很不好意思，於是草草結束難得的姊妹淘約會，帶著我又走回一、兩公里外的家。我想，如果當時，有一本童書或是小玩具陪著我，或許可以讓奶奶婦人生活中，多添一些姊妹間的相聚時光。

有些時候，「等待時間」占據了親子行程，在餐廳用餐、醫院候診、爸爸媽媽與朋友聚會、大人逛街、大人突想然看一部戲、一場電影、等待公車、捷運……，這些不管是細細碎碎或是完整漫長的時間，都需要孩子的配合，成人很容易就可以靜下心來等待，但活潑好動的孩子耐不住磨，該如何讓他們願意與時間妥協？我們得想想各種法子，讓寶貝等待時可以坐得住，稍微延長安靜的時間。

擅用零星時間與孩子共樂

這十年的育兒時光裡，我在女兒不同時期施展一些「小伎倆」，讓她們在等待時有事可做，可以乖乖配合，而且不覺得無趣而吵鬧。

和孩子出門，我一定會攜帶著兩樣東西：簡單的畫畫用具與一本書。這對我來說非常重要，遇上等待時間，只要拿出畫冊，不管是畫畫或是紙上遊戲，都可以消耗一點時間。有時，我會將隨身攜帶的書拿出來唸一段文字給孩子聽，這種一舉數得的「零星時間運用法」，不管孩子幾歲都管用。

在安靜的場地，孩子的音量勢必需要適度控制，可以準備一些靜態活動，

讓孩子進行低分貝的活動，不知不覺他們也會安靜下來。

畫畫：讓寶貝塗鴉、畫畫，掉進自己筆下想像的世界。

隨身小拼圖：拼圖需要花好長的時間，隨身攜帶小型拼圖塊，就能讓孩子專注拼圖。小小孩專用的拼圖（十片內）也可以自己 DIY，只要將喜愛的照片沖洗後，在背面貼上厚紙板，然後用剪刀剪成不規則形，就可以完成一副自家的拼圖喔！

簡單的七巧板：這是我和兩歲多的 zoyo 在三人行小旅行中，最常帶的小玩具，幼齡孩子會很喜歡這種拼湊圖形的遊戲。

隨身簡易版棋藝遊戲：像是跳棋、黑白棋，攜帶小盒裝，隨時都可以玩上一局。

圈叉棋遊戲：幼稚園中大班的孩子就可以玩了。

紙上遊戲：像是 5×5 賓果遊戲、1A2B 遊戲。賓果遊戲隨子孩子年齡增加，可玩至 6×6、7×7 ……。1A2B 遊戲玩法：通常是兩人一起玩，也可多人一起玩，主要目標是猜中對方心中的數字。每個玩家心中預設一組三位數號

讓寶貝掉進自己筆下想像的世界。

若有空曠之地，一點小小樂趣就能讓孩子興高采烈。

摺完紙後，就可以在草地上玩紙飛機囉！

碼（熟稔後，也可以設定四位數），1～9數字不可重複，當別人猜你的號碼，位置對了稱 A，數字對了稱 B，例如我的預設數字是 123，當對方猜 102，那麼得說：「1A2B」，因為百位數的 1 猜對了，而數字 2 只是包含在 3 個數字內，沒猜對為個位數，所以稱「1A2B」。若是對方猜 231，則回答「3B」。

前往 ➜ 痕跡本 p11

圓點貼紙樂趣多！

圓點貼紙是一個既便宜又能創造好效果的好素材，孩子在等待時間裡，可以給他們各種顏色、大小的圓點貼紙，然後自由地黏貼成各種圖案，或是用油性筆在貼紙上畫畫、自製貼紙，這是非常耐玩的靜態遊戲。

帶著你收集的圓點貼紙去旅行吧！
試著用它們黏貼成各種圖案，或是用油性筆在上面畫畫。
你的圓點貼紙是不是跟別人不一樣呢？

輪流猜數字，直到有人猜出對方的數字。

畫畫接龍遊戲：胡亂畫一個怪圖形，然後讓孩子接下去畫，通常都有意想不到的圖案出現。

摺色紙：帶幾張色紙就可以摺紙飛機、船等。

橡皮筋遊戲：幾條橡皮筋，就可以玩很久喔！像是變成「星星月亮剪刀」、「橡皮筋搬家」等。

閱讀：一本小書就可以和孩子一起共讀，大一點的孩子可以自己閱讀。

可接受些許聲音的空間活動變化多

如果等待空間不像餐廳這樣需要安靜，我們就可以做更多有趣的事。

長途旅行，可以玩這些在車上解無聊：a. I spy 尋找遊戲：猜看看一路上經過幾輛紅色汽車或是聯結車，也可以比賽誰先累積到自己喜愛的車的數目。

zoyo 利用圓點貼紙貼出媽媽及玩偶的樣子。甚至黏貼成小物品，例如：時鐘、相機……等。

b. 收集招牌：看看誰先收集到最多「綠色的招牌」、「餐廳的招牌」、「有動物名稱的招牌」……等。

和孩子操弄玩偶，玩起編戲劇遊戲。

文字接龍遊戲：a.小小孩專用「子的遊戲」：接有「子」的名詞，像是車子、肚子、鞋子。b.尾字接龍，例如天空→空氣→氣球。c.大一點的孩子，可以成語接龍，像是接有動物的成語，例如：「守株待兔」、「狗急跳牆」、「狐假虎威」。

大空間的動態等待創意無限

在更大空間等待時，我們可以玩一些身體的遊戲：

大地遊戲：例如：「跳格子」及「紅蘿蔔蹲」遊戲，「紅蘿蔔蹲」的動作可改，像是「紅蘿蔔跳」。

音樂活動：唱歌或是吹奏小樂器（例如陶笛、口琴）很有用，時間一下子就過去了。

飛盤小運動：若有空曠之地，帶著飛盤就可以小小玩樂一番。

以上，是我和左右姊妹在無聊中找有聊的方法，希望大家與寶貝都能在等待中順勢得到等待的樂趣。記得，千萬別輕易給孩子3C產品喔！

簡單的音樂活動就可以讓孩子玩很久。

景點

可以玩很久的台中老樹根魔法木工坊

　　台中「老樹根魔法木工坊」園區內有許多木製玩具，它們全都像是木頭教具巨大版，原本桌上型的木頭玩具瞬間尺寸變大，這些玩具如果是學齡前的孩子來玩，一定玩得更有感覺。

　　入園後，員工會給參觀者一顆大彈珠（這彈珠是送的，不用繳回），大部分的孩子看見這顆彈珠就已經興奮不已了！這彈珠可是有玄機的，因為園區內的許多玩具都需要靠這顆彈珠才可以玩呢！像是巨型的彈珠台，需要大彈珠來滾動。孩子們來這兒大都會瘋狂地亂竄，因為當孩子都玩過正常尺寸版的木製玩具後，來這兒看見巨大版的，都會有一種莫名的興奮，好像快樂也被放大了。

老樹根魔法木工坊

🏠 台中市南區樹義路 63 號　📞 04-2262-8621　🔗 http://www.mutou-wood.com/　🕐 一般民眾 週六～週日 9:00-16:30，團體預約 週二～週日 9:00-17:30，週一休園。

疲憊的身體與新的腳步

藥包上寫著自己的名字，
我淺淺地笑著，
旅程中多了這一味伴隨，
雖帶點苦味與無奈，
但也讓人印象深刻並且謹記在心。

心裡期待一段新的旅程，還未出發，就已模擬了所有的歡樂，祈求老天爺賞賜個好天氣，讓心中那齣預演的精采大戲榮耀登場。

老天爺給了好天氣，但身體卻不爭氣，精力旺盛的病毒在體內擾亂眼前這場盛事，怎麼辦？病了！一定是這幾天只在意行程安排，而忽略了身體，此時，身體發出「警告」，搗亂你的精心策劃。算了吧！順著它，別逆著它，更別抱怨它。找個地方坐下來喝杯茶，平衡身體的失調，或是提前入住今晚的旅社。

意外的掃興成就父女私旅行

二〇一二年夏季，我們安排了一場環島旅行，從台灣西部北上，穿過雪山隧道到宜蘭，蘇花公路通往花蓮、台東。旅行的第二天晚上，我在台北染上了病毒，這病毒來得兇狠，讓人昏眩、無力、全身發冷、發燒，所有的不舒服症狀都像是標籤紙貼在我身上。第三天白天，先生要病懨懨的我先到宜蘭民宿休息，這一休息就躺到了隔天，行程幾乎歸零，我無力去感受可惜與掃興，所有的力氣都在與病毒抗爭著，直至旅程結束後，才試著回想先生與女兒是怎麼度過那「零行程」的一天？

女兒是個不怕無聊的孩子，有些時候她們甚至特別喜歡安靜的時光，這陪媽媽休養身體的零行程日可忙碌著，由於太喜歡這民宿，所以一直窩在房間裡享受這空間。她們拿起了相機，認真地玩起攝影遊戲，互相幫對方拍攝，甚至還錄影拍攝這家民宿房間（恰好這一家民宿是以住屋建築為名，許多電視劇來此處取景），不時以旁白口述介紹這家民宿，櫃子、檯燈、洗手台、衛生紙……，每個角落都認真介紹，讓人有親臨現場的感覺。無疑地，她們一定是受委託拍攝宣傳影片。她們還和小玩偶一起合力拍攝玩偶短劇，有些時候，還會在劇中安插幾句離題的關懷台詞：「這是我爸爸，他現在正在工作中。」（爸爸在使用電腦）、「這是我媽媽，她發燒了。」（我依舊躺在床上與病毒奮戰著），她們就這樣在房裡玩了兩、三個小時。

媽媽生病時，女兒也能把毫無行程的
一天化成平淡幸福。

　　傍晚時刻，我請先生帶女兒出去民宿外的田野走走，別長時間和我這個大病毒窩在房間裡。他們三人就到田野中走走停停，互相玩鬧，女兒逗逗爸爸，爸爸也順著女兒甘願被整，此刻還真像是「鄉間小路之父女私旅行」。

　　身體想休息，我們就得聽話，因為今日過後的行程，還需要強健的它來支援。而我也十足安慰，女兒可以在媽媽生病時，把毫無行程的一天化成平淡幸福，在緊鑼密鼓的環島行程中，譜一天「今天自己玩」的自由行。

面對意外狀況正面調整心情

　　左右姊妹小學四年級時，曾經與合唱團同學一起到台東參加全國音樂比賽，為了這一天，全社團的孩子們犧牲了許多假期，不停地勤練同聲合唱。除了立志要為校爭光，孩子們還期待著這兩天一夜的比賽旅程可以和同學一起住在旅館裡，她們熱烈地討論著當晚夜宿要玩些什麼。zozo、yoyo 也滿心期待，因為這是她們第一次沒有爸爸媽媽陪伴，要和同學一起住在一間房，這是多麼令人期待的旅行。

　　很不巧地，就在出發前一天，zozo 發燒了，我們緊急帶她去看醫生，把病毒及症狀暫時壓制了下來，她不僅要接受身體的變化，還得面臨「公德心」

的考驗，因為我們不讓她和同學同坐巴士、同住房間。她氣沖沖地說：「為什麼不可以？我可以戴口罩睡覺啊。」如果是一家人，我們可以接受，但面臨著和同學共住，我們不由地擔心著病毒會調皮地傳染給他人，所以，鐵了心堅持不可以。她哭了，哭得好傷心，所有的美好計畫就要煙消雲散，這對她來說無疑是個晴天霹靂的壞消息。看她這樣傷心，我們也同樣面臨著「疼愛」與「公德心」兩者間的考驗。

我和先生依舊鐵心堅持，不因小孩的淚水而心軟。去台東路上，zozo 坐在爸爸媽媽的車上，她好孤單，一直望著窗外，此時不但沒有妹妹在一旁和她說話、鬥嘴，心裡一想到巴士裡的同學一定很歡樂，就難過地嘟嘴、紅眼睛。為了讓她開心一點，我們刻意在路途中帶她到處走走，體驗新的景點，也買了小點心讓她開心，希望她能轉移失落的情緒。我們還說：「妳看！yoyo 沒有辦法來這裡玩耶，她一定會很羨慕。」

白天在爸爸媽媽的安撫下，zozo 稍微平靜了，但到了晚間，看見同學計畫好一起去游泳、晚上要一起洗澡、睡在同一張床上，她那羨慕不已的失落情緒幾乎都要滿溢而出了。我雖心疼卻依舊牽著她的小手，回到我們的房間，她好傷心、好傷心，為了讓她稍稍平復，我告訴她：「妳可以收集旅館的小乳液喔，這次 yoyo 不會和妳搶。」甚至，我們還實施愛的小舉動，我幫她洗頭、爸爸幫她吹頭髮，讓她擁有爸爸媽媽溫情洗頭大享受。慢慢地，她終於在我們的安撫下呈現幸福的眼神。

zoyo 在民宿自玩攝影遊戲。

前往 ➔ 痕跡本 p12

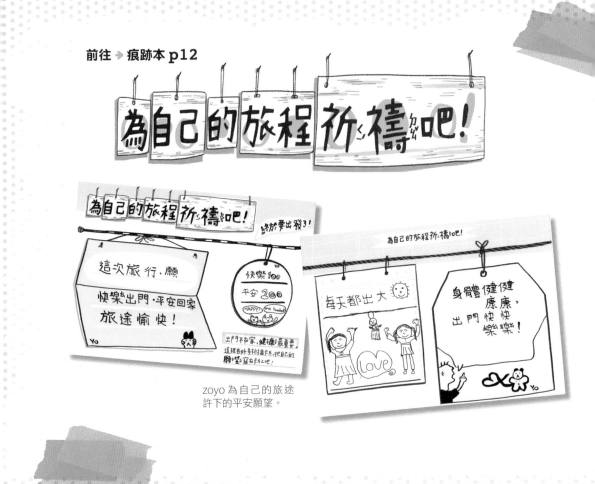

為自己的旅程祈禱吧！

zoyo 為自己的旅途
許下的平安願望。

　　我告訴 zozo：「旅行難免遇到讓自己掃興的事，但只要往正面想並調整心情，一切就會改變。就好像這一次，因為妳的生病，妳竟然可以單獨和爸爸媽媽三人出去旅行，這是多麼難得的機會，yoyo 恐怕得到高中或大學才能體驗這種幸福的旅行吧！」她聽了內心釋懷許多，這或許是她可以拿來安慰自己及炫耀的事了。

改變行程型態的意外收穫

　　旅行中如果不小心生病了，掃興的心情太擾人，若把旅遊行程改變成靜

態，依舊可以讓這趟旅行不太一樣。環島旅行中因為生病而讓我第一次在宜蘭看醫生，那天，病容中依舊有一種興奮的因子跳動著，我淺笑著告訴先生：「我第一次來宜蘭看醫生耶，好特別的經驗啊！」我想，病毒雖干擾了我身體的正常運作，但它絕無法打敗自己那樂觀的心。

而 zozo 在合唱團比賽行程過後，回想生病無法和同學一起同房睡覺好像也不是什麼天大不幸之事，下次若又發生，她一定較能釋懷，並落實她已習得的公德心。

景點

讓旅人獲得慰藉的飛鳥小屋 B&B

飛鳥小屋民宿就是環島旅行中，我生病時下榻的民宿。這民宿的主人是藝術家，裡頭的家具都是自己親手製作的。只有兩間房的「飛鳥小屋」分上下兩樓，有不同的出入口。這一次我們居住的是在二樓。

二樓布置簡單素雅，淺淺的灰搭配低彩度的綠色大門，風格文雅的床飾，主人自己做的木頭家具，還有那外觀圓形流線的盥洗間，這樣鄉村風格的房間讓人好放鬆，可以感覺出愛家的人如何照顧一個屋子。此外，閣樓也放置坐墊，夏天來時，睡在閣樓一定也很舒服。

最讓小孩喜歡的是飛鳥小屋的庭院種植多株光蠟樹，那是獨角仙喜歡啃咬的植物，夏天若來飛鳥小屋，一定可以看見成群的獨角仙掛在樹上。

另外，女主人天生有料理美食的能力，她優雅地準備早餐，每一道菜都能讓旅者在食物中找到慰藉。

飛鳥小屋 B&B 民宿

🏠 宜蘭縣三星鄉安農北路一段 207 號　📞 03-955-9869、0912-003-938　🔗 http://flyingbirdhouse.com/　❗ 不接受攜帶寵物同行的預定

貓兒、狗兒，
那些動物們給的美好回憶

親愛的貓兒、狗兒、動物們，
我看得見你們眼神裡的語言，
你和人們一樣，有喜悅也有悲傷，
只是你少了說話的能力，
只好靠著耳朵、尾巴、表情來傳達情緒。
我想告訴你，謝謝你總是以可愛之姿面對人們，
讓我們看見你們時，都能有個好心情。

生活中，總會有幾次遇上與動物的交集，小時候，我最喜歡在回林園溪洲外婆家時，坐在摩托車後座，一路上數著可以遇上幾隻牛，我心裡一邊默數，一邊期待著，如果從老家紅毛港到林園溪洲這將近一小時車程的路程上，可以遇上十隻牛就是極大的幸運了。

　　旅行中常常有機會和動物有所交集，像是在動物園裡與動物四目交觸，欄外的我們對動物們投以喜愛的眼神，卻不知欄內的動物是否也對人類有所好感？但不管動物們的行為與眼神如何？牠們都具有魅力，能讓不同年齡層的人充滿童心，像個孩子一樣享受單純的好奇。

野外偶遇動物的大驚奇

　　有些時候，我們會帶孩子到牧場或農場裡與乳牛近距離接觸，台東的初鹿牧場幅員廣大，風景優美，遠方的群山及翠綠的草地構成美麗的風景畫，遊客可以拿著大把的牧草向乳牛示好。兩歲的女兒餵乳牛吃牧草時，小小身體的她們，非常害怕巨大的乳牛，遲遲不敢靠近，於是，把牧草拿得遠遠的，讓吃不到的乳牛邊看邊流口水，一旁的我們看得直發笑。上了小學後，女兒的「勇敢度」沒有高幅度的成長，在嘉義「綠盈牧場」，zoyo 拿著奶瓶餵乳牛喝ㄋㄟㄋㄟ，牧場上自由開放的小乳牛饑腸轆轆地強力吸著女兒手上那瓶香甜的牛奶，由於力氣過大，嚇得她們倆棄瓶而逃之夭夭。如今，十歲的她們即便身高已經是一百四十公分，但看見小動物依舊又愛又怕，拿著奶瓶餵小豬仔喝ㄋㄟㄋㄟ，還會怕怕地對著貪嘴的麝香豬說：「冇啊啦，冇啊啦，不要再追我了啦！」

　　在野外遇上動物，可是一種難得又可貴的機會，zozo、yoyo 小的時候在高雄公園裡騎腳踏車，有一回竟發現水池中間的水泥塊有兩隻鴨子，奇妙的是一旁還有一顆鴨蛋，鴨媽媽、鴨爸爸像是新手父母一樣，動作陌生、眼神慌慌張張，還有一種不知所措的無助感，為了這顆未來不知會如何的鴨

zozo：「媽媽，乳牛好大喔！我會怕怕的。」

zoyo：「乳牛乖，趕快喝ㄋㄟㄋㄟ長大。」

zoyo 發現鴨子旁邊有一顆鴨蛋。

蛋，我們常常跑來公園騎腳踏車，順便觀察鴨媽媽與鴨爸爸是否會照顧好沒有鴨巢保護的小鴨蛋。奇妙的是，每次來總有不同的況狀，有時鴨蛋不見了，我們就好擔心，有一回發現熱心人士為鴨蛋做個鳥巢。半個月後，一隻小黃鴨在草叢邊，水池外的 zozo、yoyo 眼睛睜得大大的，這從鴨蛋孵化到小黃鴨的過程讓當時三歲半的左右姊妹驚喜萬分。

近距離觀察動物的害怕與歡喜

在花蓮旅行時，我們開車在瑞港公路（連接花蓮豐濱鄉大港口與縱谷的瑞穗）上，瞥見兩隻黑山羊在公路上奔馳，我們驚嚇地停下車來，牠們也驚慌失措地停頓在原點，反應快的我趕緊拿下相機想要拍攝這難得的畫面，黑山羊卻一箭步地攀岩到山裡，此時後座還是兩歲幼兒的 zozo 正坐在汽座上，目瞪口呆地看著黑山羊，這畫面真是比動物頻道還真實。爾後幾年，當我們又走在瑞港公路上時，多麼希望能夠再次遇見山羊，可惜卻一直不再有這種可遇不可求的機會，不過，有時還是可以在公路上看見牛隻與羊群在路邊吃草，享受主人恩賜的自由時光。

另一條東部橫貫濱海與花東縱谷的東西向山路是富東公路（連接花蓮富里與台東東河），這條公路上的泰源幽谷有許多台灣獼猴，當我們進入富

東公路前，女兒因為害怕還宣告著，絕對不要進去泰源幽谷。還未進入泰源幽谷，我們就在公路旁看到一群獼猴跳山壁、逛山路，原來有遊客拿香蕉來餵食，大猴子、小猴子通通都來了，牠們跳上遊客的車頂，圍攻車子裡的人，真是名符其實的「山大王」，我們母女三人緊緊關住車門，膽怯地不敢和爸爸一起下車去看猴子，雖是膽戰心驚，但 zoyo 還是在車裡驚喜的大聲叫，內心怕怕，又滿心歡喜，那種近距離觀察動物經驗真的是喜憂參半。

和店家寵物搏感情

有些店家的動物寵物也好可愛！在台南孔廟對面的「慢慢租車」（南門路上）有一隻獨立又愛散步的貓叫「蘿蔔糕」，牠頭上繫著鈴鐺，走過來走過去，叮叮噹噹地，清脆地響著，牠愛鑽入古老窄巷，逗留在歷史與現代之間，孩子說牠好乖，為了牠常來孔廟，每回經過這一段騎樓，總會看見蘿蔔糕在樂活慢行、暖洋下瞇眼貪睡，牠居住在台南，還真的很符合這古都城市的慢活步調。

台東長濱鄉「灰黑橘黃」民宿由陳冠華建築師所設計，這民宿有一隻棕黃顏色毛髮的狗叫「毛豆」，牠聰明絕頂卻不驕傲，客人來到大門前，牠便能引領帶入屋中，走走停停，遇上轉彎或上下樓，就止步等客人，孩子說：「毛

白鷺鷥與水牛。

豆，你好聰明。」於是，毛豆這聰明又穩重的迎賓狗被寫入孩子的旅遊日記中。那天晚上，夜幕低垂，為了拍攝黑夜的滿天星斗，Doch 在民宿外頭看星星而睡著了，毛豆也在一旁陪著他，慢慢地跟著睡著了。我想，對毛豆而言，這一定又是個一往如常的日子，星星、黑夜、涼風吹來的平靜夜晚。

幾年前，到花蓮羅山村的「大自然體驗農家」裡體驗做泥火山豆腐，那時，有一隻很溫和的貓，在暖洋下打盹，我問主人奶奶：「小貓叫什麼名字？」奶奶笑呵呵地回答：「叫『豆渣』。」我們一行人聽了這名字莫名的開心起來，也跟著奶奶笑呵呵，但別以為豆渣有一個這麼諧星的名字就不英雄，牠可是個「獵貓」，有時夜晚出門打獵，隔天清晨咬著野兔回家。這麼英雄又溫和的貓兒，還真是這家店的店鎮之寶，真應該給點獎勵才是！有的，女主人給豆渣許多榮譽，這兒的紀念章有許多豆渣專屬的紀念章呢！

你在旅行中和動物朋友們說過話嗎？如果有機會，和牠們說說話，你會發現牠們的眼神充滿友善的邀請，這些貓兒、狗兒，動物朋友們，讓我們的旅途多添幾分不一樣的溫暖氣氛，當動物的笑容與旅途的回憶重疊時，這段旅行就如用螢光筆畫了重點一樣，添了幾段溫馨的美好交集。

女兒與乾女兒在木柵動物園看動物。

前往 ➜ 痕跡本 p14

旅途中的 動物 好朋友

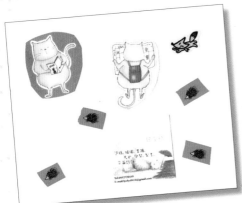

ZOZO 畫學校校狗小白及社區小狗 Milk。

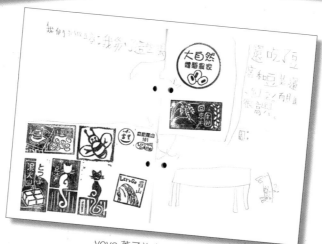

yoyo 蓋了許多在花蓮羅山村「大自然體驗農家」裡，白貓豆渣的專屬紀念章。

把你的動物好朋友畫下來，記住牠們可愛的模樣，或直接收集動物圖片、貼紙叫印章，記錄在痕跡本中。

景點

退潮時有很多魚的
台東杉原富山復魚區

　　台東卑南鄉杉原海邊，有一個富山復魚區，因為政府的護魚與禁魚政策，讓這一片礁石孕育出豐富的生態。附近居民更因為愛護這美麗環境，也熱心成立保育志工隊，以保護珍貴的海洋資源。

　　這兒鋪著石頭步道，可以走近海一點，觀賞魚群在海裡活潑地游著。當海水退潮時，可以清楚地看到許多的魚群，像是成群的豆仔魚。但別忘了玩得開心之餘，也要一同維護環境，帶走自己的垃圾。

　　賞魚需在海水退潮時段，退潮時間可至氣象局網頁查詢潮汐表預報，或是直接向附近的生態導覽教練報名，由教練安排時間帶領導覽或浮潛。

杉原海洋生態公園

🏠 台東縣卑南鄉富山村杉原 24 號（台 11 線 153.5 公里處）　📞 089-281-151　🕐
不限　💲 免費

走吧！跟著課本去旅行

翻開課本第一課，

咦，這是我去過的地方，

以前爸爸媽媽帶我去，我一下子就想起。

翻開課本第二課，

咦，這是哪裡啊？

我怎麼不知道，好想去瞧一瞧，

只要我去過，一定記得牢。

和孩子走過這麼多台灣景點，最實質的成就就是當孩子打開課本時，會驚訝地發現，這些地方爸爸媽媽曾經帶我來過。女兒會興奮地告訴我們，她在課本裡的找到舊回憶。每回只要新的學期開始，她們總是習慣把課本一鼓作氣地翻閱完畢，然後屈指算算曾經去過的地方，她們會自信地說：「這個地方我們去過了，這個活動我們參加過，這勞作我們做過喔！」而我則會翹起下巴，像個驕傲的勝利者，「現在終於知道媽媽以前帶妳們參觀過這麼多地方了喔！」我發現，只要孩子認識、曾經親自走過的地方，她們可以很快地對課本所教導的知識產生共鳴而自動連結經驗，因為經驗加深了印象，一下子就能記起從前拜訪此處的回憶。

　　我也喜歡和女兒一樣翻閱她們的課本，就像是在複習小學時期的知識一樣，我在書裡溫古知新，彌補兒時因為上課不專心、或是基礎不穩所遺漏的知識。我翻了翻課本，才知道即便自己對於台灣各地景點與人文活動瞭解一些，仍有些地方還是非常陌生。我記得女兒小學三年級的社會課本裡，列出了台灣幾個地方鄉鎮，要孩子填寫這些地方的產業活動。對居住在南台灣的我們來說，那遠如天邊的宜蘭，就像是一個幾百年都不會造訪的陌生之處，有時連當地小鎮是靠海還是靠山都不甚瞭解，我們根本無法與孩子分享這些地方的產業活動，只能靠著網路資源當後盾。左右姊妹驚訝爸爸媽媽竟也有不瞭解之處，心裡難免有些失落與不解，看著女兒臉上的疑惑，這份陌生感更是加深了。於是，我們和孩子相約定，盡可能去走訪課本裡提到的台灣景點，尤其是自己從未瞭解的鄉鎮，實際體驗參與課本裡教導的民俗活動，我們要跟著課本實地去旅行。

課本裡的深度完整學習

　　小學二年級的國語課本裡，有一篇「到白河賞蓮」，課文內容特別描述作者到白河坐大王蓮，驚喜又期待的心情。zozo、yoyo 從未坐過大王蓮，所以書上描述的心情都只能憑空想像，為了讓她們能夠實際體驗，我帶著她

zoyo 坐上大王蓮。

們到台南白河賞蓮花、吃蓮子冰棒、蓮子碗粿，荷葉飯，然後體驗坐大王蓮。那一次，她們一直百思不解，為何圓圓的蓮葉可以撐起人的重量，後來發現，原來在大王蓮葉上，特別套上一個透明壓克力板支撐人的重量。

　　昨天，我們全家到白河賞蓮。我和妹妹就順便把國語課本帶去白河，因為課本第十三課是「到白河賞蓮」，是說作者和家人一起到白河賞蓮和坐大王蓮的事。我們也有坐大王蓮喔！看妹妹撐著傘坐大王蓮，真可愛！而且，我們只要揮揮手，就可以自己飛回陸地上呢！希望明年夏天能再到白河賞蓮。（zozo 的旅記）

　　昨天，我們全家到白河賞蓮。我和 zozo 還帶著課本去，因為課本裡的第十三課有講到最近（夏天）正是蓮花節，作者和作者的家人在晨光中去參加白河蓮花節。一開始，我們先吃飯、填飽肚子，然後去坐大王蓮，跟課本一樣，我剛坐上去時有一點緊張，可是，適應隨著水波漂以後，就不怕掉進水裡，相反地，還會有飄飄然的感覺呢！希望下一次能再來白河賞蓮。（yoyo 的旅記）

　　三年級的國語課本教到了鹿港，這是一篇以詩歌方式呈現的課文，zoyo 總是在家裡朗朗上口唸個不停，唸著唸著總覺得應該帶她們親眼看看鹿港。因此，我們刻意安排一趟彰化鹿港半日遊，要讓女兒循著課本遊鹿港。

國語課本是這樣描述鹿港的：

鹿港風光

鹿港鎮，在彰化，台灣史上名氣大。

先民冒險過黑水，聚落成鎮傳佳話。

龍山寺，天后宮，雕刻精美唐山工。

求神拜佛遊客多，拜完媽祖拜關公。

九曲巷，走迷宮，方磚古道滿地紅。

十宜樓上看風景，品茶望月對清風。

牛舌餅，鳳眼糕，大街小巷香味飄。

如果想嘗古早味，請來鹿港走一遭。

這一首詩歌，把所有鹿港的景點與當地美食都描寫出來，我們就依著幾句詩段，遊走幾個地方，讓女兒感受鹿港小鎮，zoyo 一邊走一邊觀察，看見龍柱便急著說：「課本裡有這個柱子的圖片。」然後我們近一點看，看見很多雕刻的細節，而這些細部都是課本上看不見的。女兒不時朗誦課文：「雕刻精美唐山工」，將自己融入課文的氣氛中。

進入龍山寺中，她們被功德箱與平安米所吸引，頻頻問我那是怎麼一回事？平安米與平安符做什麼呢？聽完媽媽的解釋後，她們投下零錢，然後拿了平安符與平安米，覺得自己受到神明庇佑，心安地離開龍山寺。

鹿港龍山寺遊客如織。

我們還特別去走紅磚古道、十宜樓與天后宮，也在鹿港巷弄裡鑽著，在老街裡逛小攤，每走一處，zoyo 就忍不住吟詩作對唸一下課文，這種實地走訪的感覺好像另一種行動教學呢！離開前我們買了一些鳳眼糕回家品嚐，用在地名產美食結束鹿港小鎮的深度旅行，而這就是對課本裡所教的做一次完整的學習。

主動探索資源，感受各地文化

幾次跟著課本去旅行的美好經驗，讓女兒都會主動欽點要拜訪的地方，她們升小學四年級的那年暑假，我們有一趟環島旅行，當我們開始計畫東部景點時，左右姊妹一直叮嚀著安排行程的我，說要去社會課本裡提到的「羅東林業文化園區」，我高興著女兒有「行萬里路」的精神，能夠以實際行動的方式閱讀課本知識，那可是非常良好的學習動機。

羅東林業文化園區旅行過後，yoyo 寫了一篇旅記，她記錄著：

旅程第四天，我們開車前往羅東林業文化園區，這個地方是我們旅行出發前，特別請求爸爸媽媽帶我們去的景點，因為社會課有教到這裡，好奇的我們就想親眼看看這個地方。羅東林業文化園區是早期太平山伐木後，放置木材的集散之地。一九八二年台灣禁止砍伐木材後，這裡就成了一個觀光景點。

我們在裡面看到了木頭，運輸用的工具、運送用的火車頭……等，最後看見一大堆巨大的木頭浸泡在水裡，原來是要「防火、防蟲、防裂」啊！

我們還依著課本踏上東北角，翻越了大半個台灣，為的就是讓她們看看台灣最東的岬角——三貂角燈塔、還有到野柳看風化日益嚴重的女王頭、到猴硐、金瓜石感受礦業凋零的氣息。這些地方只要被我們的雙足所踏尋，課本所學的知識就像是被下載的程式一樣再次更新。

我認同「讀萬卷書，行萬里路」的精神，只要實際走訪，就會對當地環境產生印象，這樣孩子就能與學校所學相輔相成，而這就是將書裡的平面知識活躍，讓孩子真實比對書裡的圖片、主動探索環境資源，感受台灣各地的文化，想一想，這就好像是雙腳走天下的深度旅遊節目呢。

前往 ➡ 痕跡本 p16

用針線來畫畫

九歲的 zoyo 用針線縫出蜘蛛網。

出門旅行時在**萬用**包裡準備針線包，可以**縫**補不小心破掉的衣服，還可以畫畫喔！試著用針線畫出一幅**創意**畫吧！

充滿詩意的台南鹽水月津港燈節

　　每逢過年至元宵的「月津港燈節」總是吸引著我，那兒的河上之燈不商業、不卡通，走在兩側有垂柳的河邊，還真有詩意上心頭的氛圍。

　　月津是鹽水的舊稱，因臨倒風內海，以致河水是鹹的，所以以台語「鹹水」稱之。因為地形像彎月，所以又稱「月津」，這月津港可厲害，在「一府二鹿三艋舺」之後，它是第四名「四月津」。

　　小學四年級上學期的社會課本特別提到鹽水蜂炮，女兒說：「媽媽，我一定不要去鹽水看蜂炮，那好恐怖。」我也不敢去呢！只是，當我踏上鹽水這小鎮之後，才深深覺得，鹽水不只是「蜂炮」與「意麵」的代表，在這新月裡，豐富的人文歷史都讓這小鎮格外有氣質。

　　鹽水橋南老街上有許多木製老房、磚屋古厝，保存得還算完整，喜歡老房子的我看見這些古老屋子，心頭就特別有感覺。老街上的「北帝殿」正忙著元宵蜂炮的製作，還真的讓左右姊妹看見了蜂炮，看這些小小的蜂炮一捆一捆地放在炮台上，就能想像元宵那晚的威力。我們也買了小蜂炮，寫上祈福，將小小的蜂炮歸入這一大捆的蜂炮內。

　　白天的月津港，空氣中飄漾著一股閒情逸致，垂柳、小橋、還有遠方的三合院古厝，

河面上幾件作品在白日下微微漂動，這樣的氣氛真的很迷人，不知夜間，當華燈初上，這個小鎮又會是什麼風貌？

　　我們又走了一段路，到中山路點心城吃了著名的鹽水意麵，都來了！一定要在地品嚐，果真是在地的特別好吃，這一碗淋了肉燥的意麵口感真好，就連滷蛋也滷得入味。

　　吃了意麵後，我們繼續往前行，在中山與中正路交叉口，看見了鹽水著名的古蹟「八角樓」，八角樓建於清朝一八四七年，裡頭的建築大都是原木，尤其是支撐房子的長柱竟是當年由大陸運來的福州杉，直通二樓的杉樹長二十四尺，這屋子裡有十二支這麼長的福州杉支撐著。走回月津港時，看見永成戲院，永成戲院是二次大戰後成立的，這戲院裡的座位像是教堂的座位，不過最妙的是！這椅子可有高矮，越接近前座，椅子越矮呢！

　　月津港的花燈已亮，遠遠望去，真的好美！幸好，今天我帶了左右姊妹來這，不知為何這裡會讓人有平安喜悅的感覺呢！你也來這，醞釀喜悅的氣氛吧！

月津港燈節

🏠臺南市鹽水區月津港周邊、橋南老街、王爺廟巷、一銀巷與永成戲院等地　🕐每年元宵節前後點燈　❗詳情請至臺南市政府文化局查詢（http://culture.tainan.gov.tw/）

媽媽，外國人欺負我！

不管是哪一國小孩，玩的把戲都一樣，
而且用微笑就能符合遊戲規則。

女兒滿七歲的那年秋天，我們到東南亞度假，在馬來西亞的一個海灣度假村度過四個白天。那個度假村裡有許多外國人，第一次出國的左右姊妹看見這麼多外國人，還真的是有點兒害羞，隨時都有人會用英語問你叫什麼名字？來自哪個國家？而身旁的外國小孩除了說中文的華人外，幾乎都說著 zoyo 不熟悉的外國語言。

孩子天真的微笑是共同語言

白天左右姊妹參加了度假村裡的兒童俱樂部活動，和一群來自世界各國、不同年齡的小孩一起上課，在身旁不是金髮小孩，就是黝黑皮膚的外國人，雖然來自世界各國、操著不同語言，但孩子的眼神是天真的，「微笑」是他們共同的語言，只要有一點笑點，孩子和老師們就會笑成一團，玩起了不需要翻譯的「咕嘰咕嘰」搔癢遊戲，這種手牽著手、和樂融融的畫面還真有世界和平村的縮影。

但是，當有利益關係存在時，格鬥與競爭就隨之產生。我記得那是一堂高空彈跳的課程，每個孩子都滿心期待著被扣上安全繩索，在半空中彈跳、翻轉，享受自在彈跳的快感，在台灣已經玩過彈跳床的左右姊妹滿心期待，可以重溫高空彈跳的刺激感。

外國老師請女兒去排隊，這個隊伍不長，只有四、五位弟弟妹妹在等待，她們蹦蹦跳跳地倒數著快要輪到自己。一旁的長椅上坐著另一群孩子，年齡和 zoyo 差不多，有的則比她們年紀大。老師一聲命下，這群大孩子衝向隊伍，想必也是滿心期待玩彈跳床。這群說著法語的小朋友嘰嘰喳喳說個不停，彼此推來推去好像是在爭吵什麼事？看樣子同儕間為了排隊也需要一點溝通技巧，不過顯然那個最高大的大哥哥搶贏了，他高大的身體擋住後面所有比他矮小的小朋友，左右姊妹就排在他的前面，她們回過頭看看這哥哥，沒有笑容的他左右姊妹心生害怕。

ZOZO 玩彈跳床好開心！

讓孩子學習面對衝突應對

　　這個大哥哥不知怎麼了？開始做些小動作，他用身體碰撞排在他前面的 yoyo，每隔一、兩分鐘就用肚子撞 yoyo，感覺像是在催促她們，zoyo 感覺不舒服，頻頻用求救的眼神望著我們，我點點頭示意已經知道情況，這大哥哥神情鎮定，雖知道我們已經開始注意他，仍然不停地碰撞 yoyo。

　　我開始有些不悅，心中的種族情懷不免翻騰而出，單純的小朋友應該沒有種族歧視吧？！我慢慢觀察，zoyo 的表情越來越不安，我幾乎就要向前阻止外國哥哥，但 Doch 卻要我按兵不動，冷靜觀察：「或許讓她們自己經歷一下這種事件也好。」如果是經歷一場「種族」的事件還真讓我心灰意冷。一直以來，我教導孩子學習尊重每個人，不管是何種年齡、性別、種族，宗教信仰……等都要給予尊重，不可以歧視或輕視他人，我這樣教養孩子，如果她們面臨了種族不平等待遇時，我又該如何向孩子說明這樣矛盾又難堪場面？

大哥哥不停地碰撞 zoyo，終於把她們推撞出隊伍之外，他得意洋洋、神情自若地往前站一步，看樣子是往前跨越兩個人，可以提前玩到彈跳床。姊妹倆哭了，第一次她們被外國人欺負了，她們哭著說：「他一直用肚子撞我們、擠我們，嗚～～」我們實在忍不住，於是向前告訴他，他置若罔聞，顯然一點都不在乎，甚至不太有禮貌地揮開了我們的手，我在一旁嚴厲地盯著他，並問老師到底怎麼一回事？老師才吞吞吐吐地說：「有一點兒小誤會。」

原來一開始老師不應該請 zoyo 去排隊，她們應該和這群大小孩一起坐在椅子上等待，甚至比較晚到的她們要排在這群孩子的後面，這群和左右姊妹同一班級的小孩疑問著 zoyo 為何可以先玩？而不是排在他們後面，那種覺得不公平的情緒促使大哥哥碰撞她們，想要將她們撞出隊伍之外。

孩子的戰爭結束於大人耐心的解釋

每個小孩都一樣！玩遊戲就會出現這類型的問題，只是大哥哥用錯了方法，如果他告訴我們，我們是很願意遵守遊戲規則的。我將事情的緣由告訴眼眶泛紅的 zozo、yoyo，讓她們知道這事情有一半是我們所造成，左右姊妹很快就能理解小朋友之間的小戰爭，擦乾眼淚一下子就釋懷。

這位大哥哥天性冷漠，不太愛理別人，眼神舉動藏著一股傲氣。下午他的媽媽接走了他和妹妹，離開了兒童俱樂部。好巧的，在游泳池畔，他和媽媽就在我一旁的座椅上，這位神情傲然的大哥哥一看見我和 Doch 突然有點兒緊張，看得出來在媽媽面前他就像隻小綿羊，年齡驟降兩歲，乖巧得不敢作怪。他看著我們，一副很擔心我們會把剛剛的事件向他的媽媽告狀，我看看他的母親，終於明白男孩那股嚴厲的眼神來自何處。

乖男孩，你放心，我不會說的。

前往 ➜ 痕跡本 p17

為自己畫一幅
自畫像

這次，請為自己畫一幅充滿自信、微笑😊滿分的自畫像吧！

我畫自己

這是 YOYO 的 畫。

2012 01 27日
BY:YOYO

zoyo 為自己畫的自畫像，笑容滿面。

我的畫像

2012 5/28

也有刺激體能活動的台南樹谷園區

　　樹谷園區座落於台南新市科學園區，園區內的生活科學館結合生物、考古及科學，是目前南部最大的自然史博物館，也是全台「骨骼收藏」最豐富完整的博物館，館內採用多媒體導覽，入館時可至服務台申請使用平版電腦。其地下一樓的「探索故事屋」，是專門提供給○到十二歲小朋友的專屬空間，明亮童稚的空間設計，遊戲區有許多積木、益智玩具可供孩子玩樂、閱讀區則有許多科普類的讀物，包括繪本、圖鑑、小說、雜誌等。園區戶外設有體能活動設備，樹谷園區為全台灣唯一在科學工業園區內擁有符合美國 ACCT 標準認證的高空繩索挑戰場，固定舉辦休閒體驗活動，每個月都有不同的項目，包括獨木舟、攀岩、繩網垂降等刺激的體能活動，只要預約六人報名即可成行。

樹谷生活科學館

🏠 台南市新市區中心路 12 號　📞 06-589-4800　🔗 http://www.tvsm.com.tw/
🕐 週二～週日 9:00-17:00，週一與除夕休館　💲 104 年 2 月 1 日起實施參觀門票收費，詳情請洽官網　❗ 休閒體驗活動請至官網報名

兼顧親子的公平旅行

我給她們與海與沙玩樂的時間，
因為，她們也給了我與天與地相處的時刻。

這是一場即將開始的家庭旅行，我們想要到哪裡去呢？依照慣例，我依舊在網路世界裡尋求他人踏尋的足跡，找到和自己調性相同的景點，或是在旅遊書裡被文字、圖片所吸引，腦海還幻想著那兒的美景。有時，我會將自己那盒名為「旅行的痕跡」紙盒拿出來，在一堆舊回憶的 DM 中，回想那時流連忘返之處，打算舊地重遊。還有些時候，我會看看身旁的女兒，想著她們在何處可能會展開笑容，她們的笑容及笑聲會是我安排旅行的指標。

我習慣在旅行前做行前規畫，雖知偶爾可以帥氣地不顧一切、衝動一下，不設目的地漫遊，但我依然希望自己在旅途中埋頭於搜尋網路資訊的機會少一點，能抬起頭看看窗外風景、多多接觸大自然，遠離那 3C 產品藍光下所堆疊的工作。所以，如果行前計畫好路程，把地圖路線找好，能節省出許多時間，而這些時間就可以拿來感受氣氛，沉醉在慵懶的午後時光。

兼顧每一位家庭成員的喜好

旅行可以淡化負面情緒，但氣氛的拿捏很重要！孩子不乖，可以放低標準；美食不優，可以當作經驗；景點不對，就轉換心情。旅行，重要的是氣氛，不是評分。只要一家人玩得輕鬆自在，就能拋開煩憂，如果頻頻抱怨，則又不斷地衍生負面情緒。

旅行的氣氛往往是站在大人角度設定的「大人款式」氣氛，那孩子呢？他們有沒有專屬自己「小孩款式」的氣氛？小孩款式的氣氛不外乎就是刺激、玩樂再開心，如果體貼地為孩子安排專屬行程，那麼，這趟旅行就變得相當有彈性。旅行是需要公平的！大人與小孩的行程都要兼顧。小孩行程時，大人要放低姿態當孩子的玩伴；大人行程時，小朋友得學習成熟地跟著爸爸媽媽。如此互相配合，才能讓這場旅行有雙重的感受，套上商業用語，就是達到「雙贏」的境界。

最完美的家庭旅行要兼顧每一位家庭成員的喜好，若要區分為二，大人的行程、小孩的玩樂都要各有比例，各有各的期待，也各自投入擁護家人的興趣喜好。我們可以為孩子安排兒童樂園、親子餐廳、友善親子旅館、兒童遊戲室；也可以以成人嗜好為主的安排美食之旅、參觀古蹟廟宇、咖啡館、風格小館子、建築獨特的民宿、美術館或音樂廳。只是，大人很容易適應孩子的行程，因為小時候我們大都經歷過這些玩樂，但孩子參與大人的行程，可是有一點小負擔的，他們得學習爸爸媽媽的模式，試著安靜、成熟，當個小大人。所以，當孩子可以當個乖巧配合的同行者，甚至嘗試著喜歡，我們得鼓勵他，甚至謝謝他，「寶貝，謝謝你陪媽媽逛街，有你的陪伴，媽媽更開心了，媽媽最喜歡和你一起逛街了。」相反地，當小朋友熱愛的行程正熱絡進行時，我們成人也得放下身段與孩子共樂，讓孩子感覺你也愛他的所愛，就像他在走你的行程那樣，乖乖的，帶有一些樂在其中的服從感。

把家人興趣融合在旅行中

我依稀記得那一年的暑假，我安排了一場大人、小孩行程參半的旅行，輪到孩子行程時，女兒醉心於宜蘭童玩節，她們瘋狂地玩水嬉戲，像是被禁足的孩子突然獲得解放的機會，使盡全力地往前衝。一個滑水式的溜滑梯讓她們排隊玩了數十回，先生也陪著女兒一次又一次地瘋狂玩樂，把自己降齡到與女兒一樣大，玩得盡興時，還說：「我小時候一定很愛玩。」這些童玩節的遊樂設施對左右姊妹來說，應該是第一次在這樣大型的遊樂場所玩，也難怪她們幾近瘋狂的狀態，把「一票玩到底」的規則徹底實施。

計畫行程除了考慮公平性外，如果把家人興趣融合在旅行中，額外滿足個人的喜愛，那一定會讓這一趟旅行更顯體貼。例如我喜歡古蹟與歷史，於是，我們履行了「福爾摩沙寫生計畫」；爸爸 Doch 喜歡建築與展覽，我們則會在旅行中安排看展覽行程與入住建築風格特殊的民宿；女兒喜歡運動、戲水、游泳、騎腳踏車，我們則順著她們的興趣，一起到山林間戲水或是在自行車道上騎鐵馬。家人之間只要明白各自的愛好並體貼地一同

小朋友熱愛的行程正熱絡時，大人也要與孩子同樂。

爸爸陪著 zoyo 在宜蘭童玩節瘋狂戲水。

參與，我想，那會讓小家庭情感更融洽凝聚。像是 Doch 很喜歡在旅途中拍照，遇上有感覺的畫面就會停下車，然後不好意思地央求：「我可以停下來拍照嗎？」我和女兒總是笑嘻嘻地爽快答應，雖知爸爸這一拍照又是十分鐘過去，但如果十分鐘就能讓爸爸開心，那何嘗不可，這可是一件值回票價的事呢！

有時我們會找出融合大家共同興趣的地方，然後擁有各自的快樂，歡天喜地去逛逛，像是專為孩子設立的老屋故事屋，同時具有小孩與大人的喜愛，台東兒童故事館、雲林故事館、高雄旗山生活文化園區、台北四四南村……，等都是滿足我們這家人共同喜好的好地方。

旅行前，問問自己，想要去哪兒走走？也問問身邊的他（她），喜歡去哪兒逗留？還有，那可愛的娃兒，喜歡到哪裡玩，然後就在你的行程表裡填入這些體貼的行程，讓這趟旅行很體貼，很公平。

前往 ➡ 痕跡本 p18

我們好像把水帶回來了！

九歲十個月的 yoyo 用彩色筆畫了一幅畫，然後沾水抹畫，她說這樣的雨滴更像下雨。

而這幅水墨，用手沾水抹畫後，有雲霧的感覺，相當符合當時阿里山的氣氛。

九歲十個月的 zozo 用水墨畫山水，然後沾水抹畫，抹出一條河。

這次，到戲水區或山林裡玩水吧！
出發前，用水墨或 水性彩色筆畫一幅畫吧！
到了目的地後，手上沾一點水，輕輕抹在這幅畫上，
圖案會因為水而產生變化，水的痕跡變得好清楚！

宛如仙境的花蓮慕谷慕魚

慕谷慕魚遊客中心的網頁上寫著：

「慕谷慕魚」這個名字是取自太魯閣族語 Mukumug 的諧音，指的是「這個地方」的意思。也就是最早遷徙到此地太魯閣族一到秀林鄉銅門地區和榕樹社區的時候，覺得這片原野山林非常壯觀、美麗，因此用他們的語言來頌讚此地的美景。於是有了「慕谷慕魚」這個美麗的名字！

距離花蓮市區不遠的「慕谷慕魚」位在秀林鄉銅門村，是受保護的山區，每天限定遊客的人數，而且要辦理入山證才能進入。到花蓮旅行前，我就先上網辦理，免得當地辦理時碰到人數額滿的窘境。（我們曾來過，銅門派出所前就掛著「今日已額滿」的牌子）

要通往美麗之處是需要一點努力的！當我們開車駛入山區時，才發現這兒的路非常狹窄，不時有山洞、隧道，如果對面有來車時，常常會遇上「黑羊白羊」進退兩難的麻煩，所以，在山區裡開車要格外注意，稍不注意一轉彎正對面就有來車了。

抵達戲水區時，看見山谷裡的河水藍藍綠綠的好美，這木瓜溪的支流清水溪都是可以溯溪戲水的，只要能找到下去河谷的地方，任何一段都可以任君選擇。我們遙望，決定一處岸邊比較大的區域，就穿著涼鞋下去攀爬白色大理石了。

要越過這些河岸大石頭需要多多小心，因為有些石頭長了青苔，很容易滑倒。zozo、yoyo 小心地爬過這些大石頭，到岸邊時，眼前的美景真是讓我們迫不及待想

跳水了。當衝動的我們一碰到水時，一陣尖叫「好冰啊！」顫抖地傳來。這從山上流下來的溪水真是冰得徹底啊！不過適應一下後，外加大石頭恆溫設備的輔助，我們就適應了這溪水的溫度了！這樣冰冰涼涼的溫度在夏天是很舒服的，放一顆大西瓜在溪水裡保證冰涼。

　　這裡生態豐富，溪水清澈可見，成群的小魚就在你腳邊，躲在石塊下的溪蝦、蜻蜓停留在大石頭上，還有一些我叫不出名字的昆蟲。我們在慕谷慕魚待了一整個下午，愉快的戲水活動讓我們都忘了飢餓這件事，幾樣自備的小點心以及龍澗冰棒似乎就滿足了我們的小肚。這兒，真的很好玩，真的忍不住想說：「台灣好美！」真心期望大家來的時候，都能帶走各自的垃圾，讓這兒永遠都保持著仙境般的美麗。

慕谷慕魚遊客中心
🏠 花蓮縣秀林鄉銅門村榕樹 1 鄰 2 號（仁壽橋的橋頭）　📞 03-864-2157
銅門派出所
📞 03-864-1051　❗需於入山前三天至三十天向內政部警政署（官網）申請入山證。銅門管制哨每天限制上午、下午各三百名遊客，額滿即不再受理。且採現場報名制，不開放預約報名的方式。開放時間：7:30-18:00。（18:00 前必須提早離開山區）。請備妥身分證，需要查看。

Part2
我們 / 漫步 / 大自然

當我們走進大自然，
不妨和孩子一起閉上雙眼，聞聞空氣中的味道。
這時的你可以判斷出這是樹葉的味道，
也可以嗅出這是海邊鹹鹹的海味。
多年後，長大的孩子會因為聞到海邊的味道，
而想起小時候爸媽曾經帶自己去海邊放風箏的回憶。

攀樹，
看見高處的風景

樹是有感覺的，
用你的雙手摸摸樹皮，
不管平滑或粗糙，
只有靜靜地陪伴他，
就能感受到他傳來的訊息。

那是個隨時可能會下雨的夏日午後，野鴿傳來咕咕咕的聲音，樹上天邊偶爾點綴幾聲白頭翁夫妻清脆的鳥叫聲，也有秀氣可愛的綠繡眼在枝頭表演點頭舞，點點頭、轉轉頭，大秀可愛模樣。

如果閉上了眼，或許可以感覺到樹爺爺正微笑著，發出了輕微的笑聲，準備迎接孩子們光臨他巨大的身軀，他可是十分樂意地奉獻自己，讓孩子在解開繩節、拉緊繩索之間，攀上大樹頂端，感受不同高度下的氣氛，也許體內的膽怯與恐懼分子會干擾著單純的玩樂，即便如此，那份對高度懼怕所帶來的就是在地面所無法模擬的感覺。孩子，請放心，樹爺爺會包容你的恐懼尖叫，會理解你對他的告狀，更會撫慰你那不安的情緒。

我一定要努力爬上去！

幾年夏季暑假，我帶著孩子去參加攀樹營，自從小一那年暑假光臨樹爺爺的懷抱後，女兒總是念念不忘在樹頂的滋味，那戰勝自己、爬上頂端象徵著靠自己而成功的獨立表現，我想，任何人都會眷戀這種成就感。回想著，她們第一次自己爬上樹是三歲時，在台南麻豆總爺糖廠裡，一顆低矮橫向發展的樹，提供了左右姊妹第一次爬樹的珍貴機會，那時具有冒險精神的zozo不顧一切，想要爬上樹，不管樹皮多麼粗硬，小個子的她還是想嘗試。她一邊爬，一邊喃喃自語：「我一定要努力爬上去！」硬骨的精神打動一旁的我，而小有緊張害怕的yoyo不停地叮嚀著：「zozo，要小心喔！」

成人總以自己的高度出發看世界，忘了孩子低矮了我們數十公分，他們面對高度的感覺比起成人更是敏感，這是我在攀樹營中，看到幾位孩子面對高度，恐懼地哭了起來時，深刻感受到的。幸運地，兩人初次參加攀樹營時，她們沒有那麼懼怕高度，「攀樹」對她們而言是「遊戲」，不是「恐懼」，她們只管著要攀上頂端，尤其yoyo心中隱藏著一份積極「向上」的心，因為我們鼓勵她到高處去，高處看的世界和平地迥然不同，高處呼吸的空氣似

乎也和平地有些許不同，高處的樹端也許有鳥兒與小蟲，那兒的小世界是個不被打擾的祕密基地，yoyo 追求的就是這種暫時自我的時刻，那是一種「異樣的快感」。

媽媽，妳還摸得到我嗎？

第二年去攀樹的時候，教練特別擺了一個躺椅在樹端，要孩子攀上高處後，可以坐在躺椅上仰望著世界，教練鼓勵有攀樹經驗的 yoyo 爬上去坐躺椅，給她特別的攀爬位置，這位置上的一條繩索就是通往躺椅看世界的路徑。yoyo 傻呼呼地勇往直前，此時，攀樹似乎有了「目的性」，因為被重視、被鼓勵，她格外覺得光榮。她終於抵達樹端的紅色躺椅，只是要坐上躺椅需要一點技巧，左挪右移，終於讓小屁股坐上吊椅，此時，她才往下望了我們，動作保守地向我們揮揮手，腳下的世界變得如此的小，她就這樣在樹上靜靜地躺了十分鐘。

zozo 從樹上往下拍照。

yoyo：「我終於比媽媽高了。」

　　個性大膽的 zozo 在攀樹這件事上，反而沒有 yoyo 那樣勇往直衝，她不喜歡繩索帶著她「轉圈圈」，但看見 yoyo 躺在吊椅上，享受於大自然之中，她忍不住也想爬上高處一窺究竟，當她也攀上樹端，坐在吊椅上時，我們用另一繩索把小相機傳上去，要 zozo 為我們拍幾張樹上的照片，她拍了模模糊糊的自己，還有樹下人們的樣子。看見女兒的小屁股懸在半空中，那種她辦得到的成就感似乎隨著她的小屁股在半空中搖搖晃晃、掌聲鼓勵。

　　若問左右姊妹喜歡攀樹過程中哪些事？她們說喜歡自己攀高後，比爸爸媽媽高，當她們攀上一點高度時，就開始喊著：「媽媽，妳還摸得到我嗎？」如果我摸得到，她們就又努力往上攀爬；如果我不能摸到她們，她們會喜出望外地睜大眼。我想，這就是孩子心中矛盾之處，希望爸爸媽媽是永遠的巨人，但內心又渴望自己能夠超越爸爸媽媽，勝過巨人般的父母，好吧！這次，我要來當個弱者，心甘情願當她們腳下的小矮人。

前往 ➜ 痕跡本 p20

咚咚咚！用石頭敲樹葉

這就是我們到此一遊所留下的痕跡。

隨意撿拾石頭，就可以為落下的花朵與樹葉敲拓汁液。

撿一塊石頭、幾片樹葉、小草或花朵，放在痕跡本上，敲一敲，把植物的汁液留在書上，再用筆描繪出汁液的輪廓。

景點

舉辦攀樹營的高雄橋頭糖廠白屋

　　高雄橋頭糖廠舊稱「橋仔頭糖廠」，一九〇一年由日本人所建造，是台灣第一座新式製糖廠，是台灣由獸力壓榨製糖進入現代化機械壓榨製糖的第一座糖廠。糖廠裡有一座看似與世隔離卻又透明化的藝術空間，它叫作「白屋」。白屋園區原是橋仔頭糖廠貴賓招待所，其主建築是一棟白色的日式建築，現在有藝術家聚集在這兒，固定的展演活動讓這座百歲的糖廠有著不一樣的氛圍。白屋園區像是一座提供孩子探索大自然的園區，樹木蓊鬱、鳥兒昆蟲到處可見，樹上的松鼠忙碌地到處亂竄，園區內幾棵年老的老樹像是鎮店之寶，穩穩地站立在土地上。每年白屋寒暑假舉辦的「攀樹營」就是在依靠著老榕樹，讓孩子攀上他們的身軀，而老樹則像年邁的老長輩不惜一切保護孩子。

高雄橋頭糖廠白屋

🏠 高雄縣橋頭鄉興糖路四巷 1 號（橋頭糖廠內）　📞 07-611-8660　🔗 https://www.facebook.com/bywood99　🕐 週六～週日 11:00-18:00（園區開放），週二～週五 09:00-18:00（預約制），週一公休　💲 週末入園每人收 50 元景觀維護費。　❗請隨時注意網頁上最新的開放時間

拋棄快速道路的
緩慢旅行

有時得拋棄一些快捷便利感，
行駛於最原始的道路，
不同的抵達方式有不同的風景。
當你拋開高速公路時，你可以看到更多；
當你願意用雙腳走，錯過的美麗景緻通通都回來了。

家住高雄，常常往來高雄與台南兩地，國道高速公路的人工景色不知瀏覽過多少回，枯燥地讓人沒有溫度回甘。人們總是依賴交通建設，只要能快一點抵達目的地，心裡便投懷於高速公路的便利，然後，丟棄了地圖上那抵達兩地之中，其它彎彎曲曲擾人卻迷人的路徑。還記得那是個六月初

認識美濃的菸葉。

夏，一個從高雄往台南的常態日子，那天我們有足夠的時間感受天地，釀造一段慢慢緩行的輕旅行，我們放棄了高速公路的快捷便利，選擇走一段山邊的公路。從高雄美濃行駛山路到台南玉井，這一段路盡是青山綠地，還有溪流與水庫。從盛產白玉蘿蔔的山邊小鎮美濃，穿過月光山隧道到芋頭竹筍之鄉——甲仙，20 號公路接往南化水庫，碧綠的水庫風光帶著我們走到了玉井，那兒有一座用漂流木釘立的巨大十字架及方舟教堂。最後，我們想嚐點甜頭，在玉井青果市場裡尋找酸甜的六月芒果。

郊外限量專有的植物氣味

美濃小鎮冬夏各有風情，夏日的黃蝶與享受清涼溪水的我們在大自然中共存；冬日出土竄出的白玉蘿蔔與我們沾染泥土的雙腳，也在大自然中共土，這是一個樸實的農村小鎮，土地上種植著實實在在的美。

美濃的「野上野下」關心農民的生活，小舖裡展示了對農民的友善，農產品及文創商品排列在顯眼之處，好讓遊客注意它的存在。在自編的刊物《野上野下》裡，收集並分類美濃的常民文化及生活樣貌，「野上野下」似乎企圖記錄所有美濃的美好事物，除此之外，還分享美濃在地農作活動消息給

從高處往下看，南化水庫風光盡收眼底。

外地的人們到鎮上採集農民農作的氣息。

「野上野下」的朋友親切地與我們談天，不矯情、不做作，懷抱著一種交換美濃美好訊息的真誠。若想認識美濃，我想，從鍾理和先生的著作開始，就可以窺見美濃的生命力。美濃小鎮栽種的不僅有白玉蘿蔔、澄黃蕃茄，還有文人筆下的農庄情感、菸田裡大葉展現的生命力，以及夏季黃蝶與文學的相互結合。還有，一碗板條，一盤高麗菜封、炒野蓮及花生豆腐，這都是屬於美濃的在地味道。

從美濃穿過了月光山隧道，銜接省道 21 號公路，這一路風景宜人，散發著一股郊外限量專有的植物氣味，當與省道 20 號公路交叉相遇時，即來到了南橫公路的起點——甲仙。

沉澱旅人情緒的魔力

甲仙被蜿蜒的楠梓仙溪所擁抱，這兒的土質適合種植芋頭，所以，芋頭餅、芋頭粿、芋頭冰……等芋頭食品特別美味可口，尤其是芋頭冰，一球二十元的親民價格就能吃到口感綿密的芋頭香。女兒總是迫不及待地享用她專屬的芋頭冰，而我，對於芋頭粿特別偏愛，芋頭粿煎炸得金黃酥脆，每一口盡是芋頭的香味。

離開甲仙，我們從 20 號公路切往台南郊區。在 20 號公路上就可以遠眺南化水庫，提供台南、高雄地區民生用水的南化水庫在民國八十三年開始

啟用，從高處往下看，水庫風光盡在眼前，我們忍不住按下快門，遠遠望去，平靜的水面似乎具有沉澱旅人情緒的魔力，我和女兒站在那，擱置了先前的情緒，用最平民的讚美詞讚嘆著：「好美，好漂亮。」

再繼續往前行吧！當 20 號公路與省道 3 號公路共線時，沿著公路來到玉井三埔村的「加利利漂流木方舟教會」，這兒曾經收留了八八風災過後的災民，而這教堂也是運用了八八風災過後的漂流木，建造一座巨大方舟，摸著這些塗了防水亮光漆的漂流木，一股穩定延續的生命力支撐著。方舟前的大草坪擺設了幾隻動物雕像，增添幾分趣味。

最後，我們在玉井青果市場裡鑽著，為解饞的味蕾尋找酸甜的芒果，不僅如此，這兒的農產品品質口感良好，鄰近鄉鎮了農作物都會在此交易，數量多，價格也較一般市價便宜，都值得整籠地帶回家或與親友共同購買分攤。

如果可以，計畫一段拋棄高速公路的旅途吧！聚落小鎮適合慢慢地行駛，慢慢地串連，而驚喜有時就在無意間悄悄地出現。

玉井青果市場中尋找解饞的滋味。

yoyo 畫出從美濃到玉井的路線：
高雄美濃→月光山隧道→台 21 線
→台 20 線→台南南化水庫→台 3
線→台南玉井

試試看！用 剪貼 ✂ 地圖、道路、標誌 的方式或者直接塗鴉，
畫一條專屬於你的夢幻路線。

「拔一條河」的高雄甲仙鄉

　　在甲仙不僅可以品嚐芋頭餅、芋頭冰、芋頭粿、竹筍湯外，還可以到商圈一旁的甲仙國小走走。電影《拔一條河》是一部敘述甲仙國小的孩子為贏得全國拔河比賽冠軍的紀錄片，在歷經二〇〇九年的八八風災後，甲仙鎮上的居民瀰漫一股沉悶低靡的氣氛，風災帶走了無辜的生命，也摧殘了橋樑與鎮上觀光收入的經濟來源，甲仙瞬間成了一個哭泣的小鎮，這些為得拔河冠軍而努力的孩子們，努力不懈，鼓舞了大人，讓大人們得到重新站起來的勇氣。你也到甲仙來走走，這或許也能鼓舞當地的居民，並在購買芋頭產品的同時，給予實質的幫助。

甲仙國民小學

🏠 高雄市甲仙區文化路 45 號　📞 07-675-1025　🔗 http://163.16.192.146/tl.asp

環境裡的小祕密

她好像發現了祕密，
在一堆草中撥分細節，
這一些，那一些，
她與草之間達成了共識，
絕不輕易把祕密說出去。
於是，站在身旁的我也不便打擾，
就讓孩子保有她自己與環境私密的約定。

一枝筆、一本書、一本小冊子，這是我隨身攜帶的基本配件。它們隨時可以有用武之地，在靈感來臨之時，奉獻自己好讓主人將畫面、字句記錄下來，或是為等待中的主人建立一段獨自的閱讀時光。倘若，遺漏了其中一個隨身小物，都覺得渾身不對勁，像是穿戴不整齊外出一樣窘境難受。

我常停滯於某些片刻，聚焦於眼前的畫面，眼裡收錄幾段自然不過的生活片段，就像是電影畫面打動人們的情感。有時，我會抽起隨身的紙筆，順勢記錄下來，這樣的常態觀察總能激盪出一些有趣的想法。所以，我願意給發呆中的女兒多一些時間，不在第一時間打擾正在享受自處的她們，並且施予更多時間讓她們擁有在自我世界中陶醉的特權。

真正感受到萬物本身的質感

視覺性的觀察是常態，但如果積極動用更多感官接觸事物又會如何呢？人們常常疏於使用某些感覺系統，我們總是「看」，卻忘了還可以「摸」看看、「嗅」看看、「聽」看看，啟動觸覺、嗅覺與聽覺的察覺，對象會釋放出更多資訊，而這些資訊交叉組合，又能締造出另一種新的感受，這是感官遊戲的世界，我們用各種方式記住這個世界。

當我們走進大自然，不妨和孩子一起閉上雙眼，聞聞空氣中的味道，「寶貝，你聞聞看！空氣中的味道有花草的香味。」閉上雙眼的你可以判斷出來這是樹葉的味道，也可以嗅出這是海邊鹹鹹的海味，味道就這樣被記憶下來。在多年以後，長大的孩子會因為聞到海邊的味道，而想起小時候爸爸媽媽曾經帶我去海邊放風箏的回憶。

我們還可以摸摸看，摸大樹的枝幹、摸大地的泥土、還有不同材質的建築，洗石子的牆面與水泥牆面有什麼不同？光滑的檸檬桉與長刺的美人樹，兩者的樹皮又有何差異？大樹下的泥土與海邊的沙子摸起來有什麼不

一樣？甚至，爸爸的手與媽媽的手握起來一定也不一樣！孩子透過觸覺的經驗才能真正感受到萬物本身的質感，靠著單一的視覺是無法綜合萬物的特質。

你想在腦海中留下什麼樣的記憶？

二○一四年夏天的環島旅行，我們來到台東都蘭，被都蘭國中校園邊緣的菩提樹所吸引，我們停下車，坐在樹下，享受從太平洋吹來的海風，風打在菩提葉上沙沙作響。zozo、yoyo 偶爾輕快地跳躍，摸摸被風吹動的菩提葉；偶爾在草堆裡找新發現，她們發現了構樹的樹葉可以黏在衣服上，說那是「大自然的貼紙」。

女兒九歲時，我曾經帶著她們到高雄蓮池潭，那兒有一座供奉玄天上帝的廟宇（北極玄天上帝），廟宇兩側的水上步道有好幾座神像石雕，護欄上也雕刻著許多花、鳥圖像，廟方很努力地雕飾，但孩子卻走馬看花，沒有特別感受。我拿出了自己的隨身小物，紙與筆在此時是那樣合宜地展現

我們在台東都蘭，被校園中的菩提樹所吸引。

前往 → 痕跡本 p24

噓～拓印你的小祕密

我們在蓮池潭北極玄天上帝廟拓印石雕上
的仙鶴。

用鉛筆(或色鉛筆、蠟筆)，
將你發現的小祕密拓印在紙上吧！

119

功能，沒有邀約女兒，我逕自地拓印起橋上的雕刻，女兒見狀，也蹲下來觀察媽媽在做些什麼，當她們看見我拓了一隻仙鶴時，也說：「好好玩喔！我也要拓。」於是，我們就這樣透過了雙手觸摸拓印的過程將蓮池潭上的石雕複印在自己的筆記本上，若沒有拓印的過程，孩子不會發現這兒有仙鶴、牡丹及麻雀的石雕。

什麼是可以透過拓印留下痕跡呢？只要是有紋路、凹凸的東西都可以為它做紀錄，像是地面的石磚、特殊木紋的器具、樹葉的葉脈、銅板、牆面……。在拓印前，我想，你一定也經由觸覺而認真感受這物品的質感。

孩子，左右觀看，你想留下什麼在你的筆記本裡呢？又想留下什麼記憶在你的腦海裡呢？運用你的雙眼、雙手及雙耳，別輕易放棄或忽略環境中的小祕密。

前往 ➜ 痕跡本 p25

我們來 交換祕密 嘛！

今天，媽媽 告訴我一個小祕密：

媽媽今天告訴我一個她小時候的故事，

也是一個小祕密。她說，在她還小的時候，大阿姨偷

偷帶大家去海邊玩，回家後被大人發現，被打得慘兮

兮，媽媽還說，那時，她嚇得如一隻小狗般一

直躲在門後面，都不敢出來呢！ 右右

2014.4.16.(三)

 旅行中，和家人或朋友，交換一個小祕密，然後寫在書裡。

2

藝術家李明則畫中的高雄蓮池潭

　　小的時候就知道蓮池潭，因為小學課本裡會出現有著龍與虎張牙舞爪的龍虎塔，還有很像龍虎塔的春秋閣，小小年紀的我對於這種要走入動物身體裡的觀光景點其實不怎麼感興趣，覺得自己好像要被吞噬。

　　我們可以依著藝術家李明則的畫作——「左營蓮池潭」環湖散步，我們看見處在畫中央的玄天上帝，於是就先從這座廟宇當作起點。玄天上帝的神像很巨大，近一點看可以看見祂手持七星寶劍，足踏龜與蛇。走進廟中，有許多看起來已經頗有歲月的手繪壁畫，這些畫被香火燻得煙黃，不知為何，有種令人安心的感覺，也許代表著這裡香火鼎盛，有許多人來燒香祈福。

　　春秋閣有著兩座幾乎一樣的中國宮殿式的塔樓，一為春閣，另一為秋閣，外頭則是觀音騎龍、金童玉女的雕像，龍虎塔則有龍與虎張大嘴的模樣，這兩個地方都可以進入龍口，龍虎塔則可以龍口進、虎口出。

　　每年十月，蓮池潭會舉辦「左營萬年季」，附近各家廟宇都會參與活動，相當熱鬧！而高雄著名的觀光鴨子船，也會在蓮池潭上環繞。

高雄蓮池潭風景區

🏠 高雄市左營區翠華路 1435 號　📞 07-588-2497　❗ 高雄市營捷運紅線 R16 左營站 2 號出口轉搭 301 或紅 51 公車到蓮池潭下車即可。

閉上雙眼，感覺你的秋

秋天，毫無預警地來了，
涼風企圖趕走夏日的回憶，
要人們收拾對夏天的眷戀，
參加淡淡憂愁的秋天首映會，
於是，天空漸漸灰白，
河邊的甜根子撲白兩邊河岸，
樹葉紛紛落下，
只要撿拾一片枯黃葉子的入場卷，
就能成為秋日首映會的尊貴 VIP。

天邊南飛的候鳥，排列成了人字隊形，
為這夏與秋的轉變作最精湛的演出，
候鳥，再見，
南國就在不遠之處。

秋天是善良的季節，她總是擔憂天燥地寒，怕人們難受不舒服，於是，釋放了最友善的氣溫。善良的她同時也是憂鬱、敏感的，一點風、一點溫度下降就落下那感傷的葉。我喜歡她的善良體貼，也著迷於她的憂鬱氣質，四季當中，唯有她是我最認真感受的季節。

秋天是最適合旅行的季節，天氣不像夏日那樣酷熱，陽光也不如冬日那樣吝嗇施予，這樣秋高氣爽、無風無雨的天氣，一件輕薄外套就可以應付它的變化。在秋天九月到十一月這幾個平靜的月，每逢假日我便安排各種小旅行，到大自然輕盈呼吸，只要能閒逸散步，就是對這舒適的季節報以最佳回應。

頗具禪意的褐色落葉地毯

秋天是一個低彩度又同時暖色調的季節，樹上的葉總是滿懷憂鬱，凋零地翩翩落下，褐色的果實種子如雨豆一顆一顆地打在土地上；春夏呈現綠葉的大葉欖仁樹，樹葉的顏色漸漸地由綠轉紅；同樣會變紅色的，還有台灣欒樹，花期過後長出了紅色蒴果，像是小小燈籠掛在枝頭上；夏天開得火紅的鳳凰木此時也丟棄了豔麗的花朵，好似罪魁禍首是那懸掛的刀劍狀莢果。這些淡淡憂愁的景色容易勾起人們的回憶，從前的美好都隨著那落葉轉褐落下而平靜賦歸。

散步於秋日的懷抱，落葉殆盡，隨地都可以看見層疊的枯葉，我要女兒仰頭觀看那有如負氣理個大光頭，而只剩下枝幹的光禿樹，女兒則較喜歡沉醉於低頭踩落葉的遊戲中，窸窸窣窣的聲音就像是吃海苔的脆響，年幼時期的她們總會一邊踩一邊天真地唸著：「吃海苔、吃海苔。」有如大地慷慨贈送海苔大餐。如今已是大孩子的她們則喜歡在一大片的枯葉層上擺動身體，跳著舞姿奇特的舞蹈，那褐色落葉地毯的舞台設計還頗具禪意。

樹頂端掛著桃花心木果實。

　　我們還可以要彎下身體，對於地上的果實，多一分尋找果實名字的動力，並且腦力激盪，看看這些造型特殊的果實種子能有什麼有趣的創意？就如那鳳凰木刀劍狀莢果，其種子藏在莢果裡頭，一間一間的隔間很整齊，搖搖它像是樂器，揮舞它像是一把充滿武術功力的刀劍。桃花心木更是迷人，長卵形的果實碩大驚人，若墜落必定像顆炸彈一樣。每年初春，三月或四月，桃花心木的葉會相約好一併地紛紛飄下，這一下就兩個星期，好像哭泣了整整兩週，接下來，那光禿的枝頭懸掛著一顆一顆的小果實，遠眺，像是茶葉蛋插在大地的筷子頂端散熱待涼。這茶葉蛋一掛就一週，賣也賣不出去，這下心碎了，剝落自己是最終的道路。然，巧妙的畫面將至，那宛如茶葉蛋的桃花心木種子，隨著風翩翩落下，螺旋槳似的帥氣降臨，當種子落光，果

桃花心木種子。

zoyo 愛玩大葉欖仁樹的枯葉。

實的硬殼也分裂掉光後，此時，枝頭的綠葉再次出現，猶如一場重生，而這落下的果核，裡頭的片狀種子就是孩子當作螺懸槳的自然玩具。

　　有些植物卻偏偏選在秋季綻放她美麗的花朵，木棉科的美人樹就是如此！身形直立，下半部卻有有肥大的水桶腰，酒瓶身的她身上帶著刺，若是不小心接觸到尖刺，一定會受傷。樹幹外型防人的美人樹在秋天開滿了粉紅色的花，遠遠望去，真像是美人在展現她的迷人丰采。

　　要探索的還很多，秋天適合喜愛旅行又條件限制很多的旅人，小孩便是！怕冬天太冷，夏天有蚊蟲，春天細雨綿綿，而秋天最體貼，如果此時不出門找樂趣，更待何時才能有一個美好的季節供你回味？！牽著孩子的手，讓他在大地之中，找尋那秋日首映會的入場券。

前往 ➔ 痕跡本 p26

一起來收集果實！

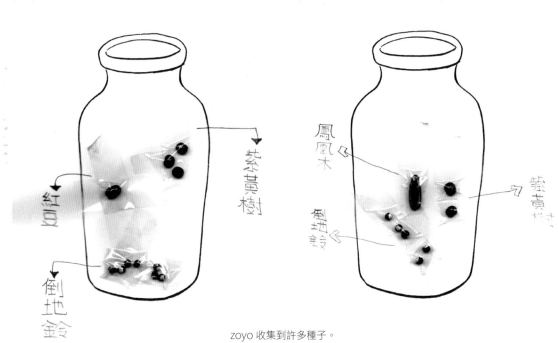

zoyo 收集到許多種子。

果實大集合之台南千畦種子博物館

　位於台南東豐路的巷弄之中，有一個私人的種子博物館，主人收集許多植物的種子，一袋一袋、一罐一罐地裝好收集，有些則放置在實驗皿並標示樹種，真有博物館的規模。這兒的種子種類與數量之多是難以想像，其中有許多常見果實與種子，也有些珍貴難見的，像是鴨腱藤巨大的種子。這是由一對夫妻共同營造的種子天地，他們夫妻倆總是隨和地和客人說著自己的興趣與故事，如果有機會，也來這種子博物館找種子、聽故事吧！

台南千畦種子博物館

🏠 台南市北區東豐路 451 巷 29-1 號　📞 06-236-0035　🕐 週一～週日 09:30-12:00、13:30-17:30　❗ 此處為私人場所，請事先預約。參觀時盡可能穿長褲以防蚊蟲。

大自然，悄悄然

一段倒下的巨竹苟延殘喘地不落地，
我們搖搖它，竟聽見清脆的水流聲在裡頭，
原來，竹子會儲水，
會儲蓄自己生存的條件。

很多時候走出家門，只為了出去透透氣，看看路上的風光在幾日不見之後，是否又有了新改變？路上依舊人車擁擠，市場叫賣聲此起彼落，交通號誌燈仍然依著設定的頻率閃閃爍爍，都市的容貌變化不大，只能從建地的進度看見城市的改變。若往空曠一點的地方走，更是沒有任何人工標的物可以讓我們比較環境的變化差異。我想帶著孩子鑽入大自然，找尋平靜中的變化，或許野地裡藏著不同的氣息，可以撫慰我們的心，滿足我們的好奇。

黑色種子藏著愛的幸運

沒有什麼規劃，我們的目的地只有一個——親近大自然。若問指引我們走向大自然的原因，或許是我們可以藉此多看一點安靜的植物，並試圖認識它們。因為，孩子的自然課本裡，正教導著葉子的構造，那說著網狀葉脈、平行葉脈；葉緣鋸齒、平滑；葉序對生、互生的知識，它們像死硬的標本封存在課本裡，我們需要跳脫那印刷品，到戶外找真實的葉子，把課本裡的知識確實地捕捉到我們的眼前。

於是，我們隨性點名，走進一處無名的樹林。靜悄悄的林子，聲音輕輕弱弱地把我們踩著枯葉的腳步聲放大許多，那是我們常常說的「吃海苔的聲音」，輕踩落葉的聲音宛如輕咬海苔一樣脆響。我要女兒閉上雙眼，用聞的、用嗅的、用聽的，把這些難逢的味道作深度呼吸。張開眼仔細觀看，原來，這是一處會發出空空聲響的竹林。

許許多多的竹子，粗圍的、細枝的，有的挺拔正直、有的橫行霸道、還有些歪斜慵懶，什麼姿態都有。有些過慣群體生活，窩在一起組織小團體；有些三兩好友，稀稀疏疏的站立在一起；還有些嬌生慣養、孤單成性，一支獨秀的處在自己的世界。

鋸了一段細竹子，孩子說可以當存錢筒，竹子空心，一節一節的構造可以

有許多用途，我們還想拿來製作竹子風鈴，掛在樹上一定饒富禪意。一段倒下的巨竹筍延殘喘地不落地，我們搖搖它，竟聽見清脆的水流聲在裡頭，原來，竹子會儲水，會儲蓄自己生存的條件。

　　女兒認真地當個守本分的學生，她們沒忘了自然課本裡的葉子單元，兩人仔細觀察眼前的野生植物：葉序對生、互生的葉子，葉脈清楚的、模糊的、網狀的、平行的，還有葉緣的分類，這些她們一點都不馬虎。甚至遇見野花也像個老師在大自然教室裡，滔滔不絕地介紹，「這是大花咸豐草」我看了一眼大花咸豐草，心想：那是可怕的鬼針草，是有倒鉤刺，花謝了之後，要離它遠一點。女兒繼續說：「還有這個，馬櫻丹。」「這個是小時候我們愛玩的倒地鈴。」倒地鈴是多麼可愛又充滿愛的小植物，鼓鼓的果實像是小氣球一樣，「啵」了一聲就裂開，小氣球裡藏有黑色種子，白色的愛心印在上頭，那是擁有愛的幸運。

前往 ➔ 痕跡本 p27

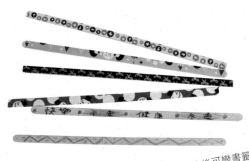

咖啡攪拌棒經裝飾後可變書籤。

有沒有看過咖啡館送的攪拌棒，把它們留下來，貼上紙膠帶 或是塗上顏色，改造成書籤。

zoyo 抱著竹子，搖搖它，竟聽見清脆的流水聲。

前往 ➜ 痕跡本 p28

你知道嗎？台灣有好多地方的名字都藏著植物名稱喔！
到這些地方遊玩，順便在火車站蓋紀念章，或買一樣當地的東西，
將外包裝或發票貼在痕跡本裡作紀念吧！

收集名字裡有
植物的
地名

屏東竹田車站紀念章。

結穗了。

為稻穗哼唱一首曲子

　　走出竹林後，我們開車到附近農村，初秋的農地在一片翠綠中點綴了幾分黃，稻子結穗了，慢慢地垂落而下，它們是如此謙遜、溫柔。女兒看過電影《無米樂》，這是一部記錄台南後壁區菁寮農民生活的紀錄片，她們感受到像崑濱伯這樣的農人對稻子的愛，也知道稻穗的成熟與農人辛勞成正比發展，於是，對於眼前即將豐收的稻田也滿心歡喜，我們輕輕地摸摸稻穗，聞聞它，並為它們哼唱一首曲子。

　　我親愛的孩子，請你們感受這份悄悄然的寧靜，課本教導我們認識大自然的植物，植物教導我們認識世界，而你與世界依存的平衡關係，往往就能在平靜的野地裡，完整而自然的尋找到。就讓我們在大自然中當一個細膩敏銳的觀察者吧！

景點

百年檜木老車站：嘉義竹崎車站

　　台灣最盛產竹子的地方是嘉義、南投、台南。嘉義的竹崎地形為山坡地，有許多竹林，經過砍伐留下許多竹頭，所以舊名稱為「竹頭崎」。其「竹崎車站」保留了日式檜木建築，是一座百年車站，這裡也是阿里山森林鐵路由平原地形爬升往高山地形的起點。侯孝賢導演的「兒子的大玩偶」電影（改編自黃春明的文學作品）也在此處取景。鄰近鹿滿社區的「鹿麻產車站」是阿里山小火車鐵路介於嘉義北門站與竹崎站之間的車站，目前已停止停靠，但仍保持日式檜木建築，與竹崎車站各有不同的味道。

嘉義竹崎車站

📞 北門車站 05-2768094 ❗ 1. 平日上午 9 時 00 分從嘉義發車至奮起湖（途經竹崎車站），逢週六、週日及例假日每日上午 10:00 分增開一班。2. 自行開車：南二高：國道 3 號竹崎交流道下→ 166 縣道（竹民路）→台 3 線→往北至竹崎車站，往南至鹿麻產車站。

停下車，我們去請教農夫

我們的旅行並不是旅行團中的經典好團，
無法提供超值豐富行程，
但我們擅長釀造氣氛，
因為每一次外出對我們而言，
都是一趟小旅行，
生活中處處有驚喜，
處處都有釀造氣氛的潛力。

旅行對我而言，有太多的意義，它不僅只是一個「玩」字，它代表著休息，同時也象徵著再出發；它可以是放鬆，也可以帶有疼痛，因為我想得到的是「體驗」；我們可以漫無目的，也可以立定目標，旅行給我們太多有意義的通融。

　　我特別喜歡在旅行中與人接觸，在不打擾的情形下，和當地人閒聊幾句話，尤其喜歡觀察正在農作的農夫，並且和他們說說話，因為農夫是最接近土地的人呀！他們和土地有著密不可分的關係。

梯田裡的赤腳婆婆

　　台東長濱鄉（女兒老是說是「藏冰箱」）臨海靠山，抓住了兩種地形線條，金剛山的山陵線以及太平洋的海岸線，兩種緩波的線條讓這裡溫柔又帶有剛氣，最迷人的是不管冬日或夏日來，抬頭一看，滿天星斗，讓人好著迷。幾年前的一場冬日旅行，我們居住在長濱鄉真柄部落的民宿，第二天離開民宿時，我們從部落深處慢慢走出來，想從山的那邊走向海的那一端，山徑兩邊盡是野草，有時會看見長濱鄉著名的梯田。我們看見一個部落奶奶正在寒風中插秧，她光著腳在泥巴水田裡踏孕新生命，我問她：「婆婆，可

部落奶奶正在寒風中插秧，她光著腳在泥巴水田裡踏孕新生命。

yoyo 拿著蘿蔔。

以讓孩子看看您在插秧嗎？我們很少近距離看過的。」婆婆對著我們笑，點頭說可以，但她沒有和我們多說話，好像秧苗都在等著她，這麼冷的天，她光著腳，手拿秧苗，彎腰的樣子就像是一幅動態的圖畫。我們就這樣靜靜地站了十分鐘，偶爾婆婆會和 zoyo 說幾句話，說自己是怎麼插秧的，六歲的左右姊妹傻呼呼地不知如何回應這個看起來六十多歲，卻依舊健朗的婆婆。

美濃白玉蘿蔔最好吃

每年十二月正是美濃白玉蘿蔔的產季（白玉蘿蔔產季大約是十一月中到隔年一月初），因為喜愛吃白蘿蔔，所以，每年我們都會到美濃採蘿蔔，我們不喜歡在觀光活動時，一大群人踏踩一畝田，擠在一起拔蘿蔔，覺得那樣的田承受不起人們的過度熱情。我們喜歡帶著女兒在美濃田野中閒逸走走停停，若遇上喜歡的田地或是恰好有農民在採收蘿蔔，就會直接向前詢問，看看能否在他的田地採蘿蔔？並且直接向他買。美濃人天性友善隨和，大都會點頭表示歡迎。有一年冬天，我們看見一畝蘿蔔田好美，遠方

有山，近處有檳榔樹及香蕉樹，形成了層次之美的畫面，我們問了田裡忙碌的阿公與阿嬤，他們笑笑著，笑容中有種「歡迎光臨」的和氣。阿公說：「快要下雨了，快幫我採收。」女兒像是免費得到了體驗營的機會，積極地像個超級小幫手，心想，再不拔完蘿蔔，雨來蘿蔔就要爛掉了。

那一次，我們不僅拔了蘿蔔，也看到阿公拔花生，這畝田可是蘿蔔與花生共存的田地。最後，我們還幫蘿蔔沖洗濕泥土，zoyo 一邊洗一邊說：「我要幫你洗澡澡。」上課認真的小學生 yoyo 還現場教學，告訴我們自然課學習到蘿蔔是軸根。

恆春三月洋蔥正採收

三月的恆春正是洋蔥採收時節，包覆著頭巾的農婦在乾涸的洋蔥田拔洋蔥，不畏寒風與落山風抵抗，僅露出雙眼的農婦仍可看出她們眼裡的笑容。我下了田，頭髮被風吹得凌亂，身體像是個隨時可飛走的風箏，然後隔著風，往田裡大喊：「嬸嬸，可以讓我們看看你們採收洋蔥嗎？小朋友沒看過（其實我也沒看過），想要看看！」此時我的頭髮被強大的落山風吹得像是在打擊髮絲樂器一樣；我的聲音被風切得斷斷續續地像是跳針的特殊音效。恆春人實在親切，揮揮手要我們過去看。農婦嬸嬸還熱心地教學，「小朋友，你們看！洋蔥長在土裡，你們要拔看看嗎？」

原來，恆春半島貧脊的砂礫土及落山風非常適合洋蔥的結球，難怪洋蔥品質好！

嬸嬸介紹洋蔥給 zoyo 認識，還說：「可以摸摸看。」對洋蔥不陌生的 zoyo 拿起小小的洋蔥，想起以前誤拔小 baby 白玉蘿蔔，所以又好笑地說：「小 baby 洋蔥。」這些農夫、農婦好辛苦，在冷風下工作，我們則像弱不禁風的小動物，冷得發抖而離開了洋蔥田。

包覆著頭巾的農婦在寒風中分類洋蔥。

　　然後，我們又在恆春的大路上發現許多農人在分類洋蔥，我再一次上前詢問：「請問，可以參觀一下嗎？想讓小朋友看看。」我想，這理由已成了我每次帶 zoyo 出門，下車詢問農夫的最佳原因了。

　　農夫、農婦把洋蔥分成大、中、小顆三大類，洋蔥皮被落山風吹得四處紛飛，傻傻的 zozo、yoyo 看見漫天洋蔥皮飄啊飄，興起了追洋蔥皮的遊戲，這一片一片的洋蔥紛飛，還挺有特殊的風情，像是在飄黃色雨。透明乾黃的洋蔥皮，漫天飛舞，把恆春的大路營造成巨星降臨的金黃舞台，我們窩在滿堆的洋蔥山邊，繼續享受恆春農人的熱情，讓我們得以近距離觀察他們的作業流程。

秋季官田紅菱角

　　因為對菱角的顏色感到好奇，所以我們在秋季來到台南官田一帶的菱角田找答案。在省道台一線台南官田路段，每年大約十月、十一月，常常可以看見販賣菱角的攤販，路邊排成一列菱角看牌，上頭畫著紅色，兩邊有尖角

像是胖蝙蝠的菱角。我一直感到疑惑，菱角不是黑色的，怎麼會畫紅色的呢？要是你和我有同樣的疑惑時，你真應該到官田走走，不近一點看菱角濕地，是無法理解黑與紅之間的變化。

秋天是採收菱角的時節，在台南官田一眼望去，平坦的菱角田，綠色的菱角葉浮在水田上，有些田被粉紅色的福壽螺卵塊侵占了，在菱角田裡露出突兀的色彩，福壽螺愛吃菱，這一定讓菱角農夫傷透腦筋。

如果撈起這些菱角葉，會赫然發現紅色的菱角紅通通的垂掛在葉底下，原來我們吃的黑菱角是因為煮熟而變黑色，一開始生長在水裡的是紅色的呢！

〈採紅菱〉這首歌詞裡寫著：我們倆划著船兒，採紅菱呀採紅菱。

當我帶著左右姊妹在官田的菱角田裡，看見一位爺爺採收菱角時，真的就能體會這歌詞的境界，爺爺真的是滑著小船在採菱角啊！我急忙地下了車，一顆好奇的心比小朋友還活潑跳動，我害怕打擾到爺爺，小心地、慢慢地接近菱角田，當他看見我們時，我才問爺爺：「爺爺，可以讓孩子看您採菱角嗎？小朋友沒有看過採菱角。」（是的！我真的也沒有看過）爺爺點點頭，安靜地繼續划船。我們也靜靜地看見著他，從這一排採收又滑向另一排，爺爺說一株菱角可以採收兩、三回，而今天只是第一回。

當你帶著孩子旅行時，無意間遇上一畝田，也許停下車，去觀察這裡的農民栽種了什麼蔬果，如果有機會，可以現場請教農夫，因為那是給孩子最真實、最直接的戶外教學，要真正下車、踏穩土地，虛心請教，才能在實際觀察中學習到真正的知識，而在一旁的爸爸媽媽一定也會受益無窮。

前往 ➜ 痕跡本 p30

我們在嘉義新港板頭村鄉間小路上
拾起一些土貼在痕跡本

抓一把
大地
的泥土ㄋㄧˊ ㄊㄨˇ
△△△△△

抓ㄓㄨㄚ一把泥土，用膠ㄐㄧㄠ帶黏在這一頁。
你可以收集各地的泥土並寫上地名，
看看它們哪裡不一樣？

吃菱角救水雉的台南水雉生態教育園區

對於台南的鳥類，一直深刻印象的是冬天才來七股潟湖避寒過冬的黑面琵鷺，保育黑面琵鷺是一般民眾比較難以真實付諸行動的，但台南官田一帶的水雉（以前是台南縣的縣鳥）卻是民眾可以以行動來幫助復育的。

交通建設常常與生態環境有著互斥的對立，高鐵開通後，正好穿越台南縣水雉重要的棲息地——官田區葫蘆埤地區。可以想像這樣的環境變化對於敏感鳥類的影響有多大。

水雉的棲息地就是菱角田濕地，牠們喜歡在菱角田生活並築巢，喜歡吃昆蟲、螺、植物種子。如果菱角田越來越少，水雉停留的數量就越來越少，而這也是水雉生態園區裡不斷宣傳「吃菱角，救水雉」的道理所在。

水雉生態園區是一個非常完整的保育園區，不但具有復育功能，還有完整的知識教育的傳達，民眾在園區裡可以透過望遠鏡實地看到水鳥在濕地上嬉戲、覓食的生活百態。水雉是一妻多夫制喔！是爸爸負責孵蛋、保護小寶寶的，繁殖期是五月到七月，這時期牠們會開始求偶、產卵、築巢、孵化下一代，如果初夏來到水雉生態園區應該會更加熱鬧。

若是你在秋天到台南縣官田一帶旅遊的話，別忘了停下車，買一袋熱騰騰的菱角（有賣熟食的），因為吃菱角可以幫助水雉，菱角銷售好，農夫會種更多，水雉生存的腹地就會越來越多。我想，水雉寶寶會感謝你的！帶孩子一起去認識這保育類鳥類吧！

台南水雉生態教育園區

🏠 台南市官田區裕隆路 📞 06-579-3911、06-579-2153 🔗 http://jacana.tw/ 🕐 週二～週日 09:00～17:00，採自由參觀，請依步道行走。每週一為休園日：如遇國定假日則彈性開園，次日上班補休。農曆春節休園日：除夕至初二。颱風等災害時，台南市政府發布之停班或停課日。園區需進行重大環境整理之期間（另行公告）❗ 如需專人解說服務，請於二週前完成預約。申請專人解說服務需捐助「保育水雉」，申請每一位專員需捐款 1,200 元。預約方式請以電話聯絡：06-579-3911。國道 1 號→ 84 快速道路（往東，玉井方向）→西庄交流道下→ 171 縣道（往社子方向）→ 24 公里處左轉→南 64（往隆田）

就是要你當農夫

唉呀！
小菜蟲，你在裡頭做什麼？
你知道這是我種的菜嗎？
聞聞看，香不香？
如果你喜歡，就讓你永遠住下來，
但請記得，要和我的菜握手當朋友。

家鄉是個海風吹來，空氣中帶有淡淡鹹味，連呼吸都感覺到濕黏的漁村部落，那是位處高雄邊緣的小港區，一個已經消失的老聚落──紅毛港。在我的記憶中，童年時期的回憶總是有著魚與網、大海與魚船，還有嗜吃魚，在飯桌上逗留，偷啣煎魚的貓兒，這些討海人生的生活片段就像是港口海面上的膠筏漁船，飄飄浮浮自然地貼印在我的回憶裡，海是如此自然，港口是如此平淡，街頭巷尾的小動物們是如

yoyo 喜歡外婆種的皇帝豆。

此慵懶，而樂天的漁民帶有些許聽天由命的大海個性，在生活中閒逸度日。

想和孩子一起親吻這片土地

相較於務農的農家子弟以及農村生活，我對農業知識幾乎一竅不通，就像是個初學的門外漢，一點兒都不具敏感度，我只知道小時候奶奶菜園的蔬菜是用她長期的耐心所栽種的；而外婆林園溪洲家前，沿路隨性解便的水牛是農民一生的好伙伴。我曾看過一則新聞，一個農民的牛走失了，他憂心如焚，淚如雨下，好似自己的孩子走失了，讓人看了好心疼。

長大後，我突然對農村產生好感，喜歡認識植物、栽種植物，即使因為沒有綠手指慧根而種不好，卻還是屢試不爽。生了孩子後，又添了為人父母想帶領孩子認識世界的熱情，我希望孩子對大地萬物感恩，感受土地對於我們的重要，我多麼想和孩子一起親吻這片土地，感謝它帶來了豐沃的物產。在一個偶然的機會下，我們從都市遷移到偏僻的農村，沒有多考慮，就毅然決然地離開了原先居住的城市，來到極為偏僻的農村小鄉鎮，為的就是讓女兒多接觸農村生活。

我想起了同樣生長於農村的詩人吳晟（吳晟出生於彰化溪洲），他的兒子吳志寧為父親的詩〈制止他們〉譜了新的曲，歌名叫作〈全心全意愛你〉，這首歌旋律優美協調，歌詞是這樣寫著：

你不過是廣大的世界中小小的一個島嶼

在你懷中長大的我們從未忘記

我要用全部的力氣唱出對你的深情

歌聲中不只是真心的讚美

也有感謝和依戀　疼惜與憂煩

我們全心全意的愛你

有如愛自己的母親

並非你的土地特別芬芳

只因你的懷抱這麼溫暖

我們全心全意的愛你

有如愛自己的母親

並非你的物產特別豐饒

只因你用艱苦的乳汁

養育了我們

你不過是廣大的世界中小小的一個島嶼

在你懷中長大的我們，從未忘記

我要用全部的力氣唱出對你的深情

歌聲中不只是真心的讚美

也有感謝和依戀　疼惜與憂煩

這首歌道出了對這片土地的感謝，我多麼希望孩子也能撫摸泥土、種植植物，感受一粒種子從土裡長出新芽的生命過程。女兒就讀的幼稚園是一所鼓勵孩子種植的學園，那時，五、六歲讀大班的孩子必須每週到美濃小鎮，在學校租賃的田地裡為自己所種植的蔬果盡一份愛。孩子每週記錄蔬果成長紀錄，為它澆水、為它除雜草，記錄它們的成長軌跡，然後在幾月後喜悅蔬果的收成，孩子感謝上天的恩典，也為這兩、三個月的「小農夫」工作做個完整的歸檔。上了小學後，我刻意讓孩子參加小農夫夏令營，讓女兒接觸耕耘機，在田埂中，赤著腳陷透在泥土裡。

都市孩子的小農夫課程

我希望孩子多種植植物，即便可能和媽媽一樣經驗不足，老是種不活，那也是一種學習。我還鼓勵孩子多和農民交談，因為我知道農民都有一種堅定的執著，把老天爺給的困境當作是磨練，他們堅毅的個性是我們值得學習的人生態度。

同樣成長於漁村的母親，在孩子都嫁娶生子後，覺得自身責任大功告成，於是，也開始萌生種植的念頭，她在住家旁的空地，開始布置她的後花園，從一開始簡單的小白菜、大陸A菜、茼蒿，一直到後來的皇帝豆、四季豆、蕃茄、木瓜、辣椒、蔥蒜，她的菜園從簡易布置到鋪起了健康步道、圍起了竹籬笆，還有防止野狗闖入的矮柵欄。看母親如此樂於種植、培養自己的興趣，心裡真為她高興，也期許自己年老後，可以這樣做。

我告訴母親美玉姐，都市裡的孩子為了接近土地，交了報名費參加種菜種花的小農夫營隊，然後我又問美玉姐，要不要孫子們來參加您的「美玉菜園小農夫課程」，母親一聽，驚訝著種菜種花對於城裡的孩子來說竟是奢侈的休閒活動。於是，拍拍胸脯說：「好啊！來我這裡。」然後又開起玩笑地說：「我可以算便宜一點。」

我多麼希望孩子也能撫摸泥土、種植植物。

美玉姐對自家菜園越來越有自信。

享受自家後花園的土地芬芳

後來幾次回家，美玉姐對自家菜園越來越有自信，她教孫子們澆水、鬆土、認識植物菜苗，完全以一個幼教老師的心情出發，把這群小學生看得年紀過小。zozo、yoyo 這兩個菜園小農夫初學者，動作俏皮地拿著澆花器，隨性地亂灑水，感覺就是很不專業。一旁的我則想在這私人專屬的有機菜園拔一些菜回家，姪子程程與翔翔一起幫忙拔菜，過度亢奮地把「自由」也一起伴隨，自由地拔菜、大方地拔菜、忘情地拔菜，然後，我就免費獲得一大籃的大陸 A 菜，真是太感謝這些可愛的孩子啊！

美玉姐還想讓孫子剝皇帝豆，菜棚下掛滿了彎彎的皇帝豆豆莢，老媽彎下了腰，拔一些豆莢讓小朋友剝殼，孩子們比賽看誰的皇帝豆寶寶比較多顆，小農夫瞬間成了工作線上的工人，個個卯足全力，奮力剝殼數豆豆，真的是有效率的剝殼團隊呢！

這幾堂自家小農夫課程上得輕鬆自在，我知道外婆阿嬤才不會收小孫子的學員費用，不過可以確定的是母親一定可以在這種自家的小農夫課程裡，找到自己種植的成就感，以及持續種植的動力。而我們，只等著享受自家後花園的土地芬芳課程及豐碩的蔬果。

前往 ➜ 痕跡本 p32

我是1日小農夫

左左　　　　（大 / 小朋友）

我在2012年 1 月 21 日, 在**外婆家**（農地、花園名稱）當了一日小農夫。

我在這裡**種植**了:

小白菜

我今天做了什麼呢?

1. 幫忙澆花
2. 撥皇帝豆
3. 拔菜

大農夫覺得我（評語）:

外婆說, 雖然我怕菜蟲, 但還是
個好幫手。

LOVE

菜 蟲

優雅農村的台南土溝村

　　台南後壁區土溝村因為有大溝貫穿，所以稱為土溝村。不過顯然這水溝不是惡臭不動的水，是被整治過的水，溝旁的景觀也是特別整理過，土溝農村的文化營造協會和台南藝術大學建藝所在多年前一起合作，進行社區總體營造，村子裡處處都有作品，處處都是藝術與在地農村的結合創作，別有一番風情。

　　最特別的應該就是村民現在常常集會的地方——「鄉情客廳」，這原是村長家的老豬舍，經改照後，整個環境都氣質優雅了，實在很難想像它原是個豬寮，我如果是個農夫，還真希望日落後來這兒休息一下，和鄰居聊聊天。

　　土溝村有許多迷人的作品，近來更是成立農村美術館，以「村是美術館，美術館是村，稻田是畫布，農民是藝術家，農產品是藝術品。」的概念作為是開館宣言。另還有土溝水牛書店，讓當地孩子有個閱讀的空間。

土溝農村美術館

🏠 台南市後壁區土溝里 56 之 1 號　📞 06-687-4505　🌐 http://togoartmuseum.blogspot.tw/　🕐 美術館展場（室內）只開放週休二日（假日）和國定假日 9:00-17:00，大年初一、二不開放　💲 每份 PASS 護照 新台幣 150 元，購買四十份以上享九五折優惠（領有殘障手冊或 6 歲以下孩童可免費觀賞，詳細票價資訊請電洽或查詢官網）　❗ 官網有詳細展場活動及交通資訊可供查詢

長在樹上的畫筆—黃槿

回憶裡有一點黃，
午後的閒逸時間裡，
那一點黃總是吸引女孩前去探望它，
讚嘆它的溫和與美麗。
然後，女孩的臉上泛了一點喜悅的紅。

黃槿，是一種常綠喬木，花期很長，幾乎大半年都綻放著黃色的花朵，因為生長強健，耐鹽、耐乾又抗風，所以常常種植在沿海地區當作防風林，住在漁村的我對黃槿可一點都不陌生。

童年飄散著香味的回憶

黃槿是我童年時期最熟悉的植物朋友之一，每回憶起兒時點滴，她總是占有一席之地。老家附近空地有一棵黃槿樹，也許已經歲數年老，所以枝幹粗大多分枝，花期很長的黃槿花常常掛在枝頭，或是落在地上，每一回小小的我來找黃槿敘舊、吐露心聲時，花兒總是落得滿地黃，像是在迎接我的到來，她總是不讓我失望，每一次都能面帶微笑。如果要票選心中最懷念的植物，我想鄰家附近這一棵黃槿樹會是我最懷念的一棵樹。

小小的我喜歡撿這些地上的黃槿花，小心翻開花苞，看看有沒有螞蟻昆蟲躲在裡頭貪蜜，黃槿花花瓣柔軟，用石子剁一剁，就能擠榨出一點花汁，而這也是我們小女孩愛玩的遊戲，把黃槿花敲剁成菜餡，那時，黏黏稠稠的花泥是我玩扮家家酒時最拿手的菜。我還會用黃槿葉當作是菜盤，把花泥放在葉子上，這一整套叫作「黃槿大餐」。

黃槿葉在大人世界裡更是好用，不僅可以是奶奶做芋粿的墊葉，也可以和紅龜粿包粿墊炊。奶奶做芋粿時，需要黃槿的大樹葉，在葉上抹上油，芋粿放在上面，經炊熟後，香味四溢、油油亮亮的，令人垂涎三尺。所以，我對芋粿（我們唸做：ㄡˇ 瑰 ㄎㄧㄠˊ）一直很鍾愛。

美味的芋粿以及扮家家酒的童年畫面常常在我腦海裡重播放映，只要遇見黃槿，心中不由地溫起了一股溫暖，芋粿的香味好像也隨之飄送而來，我天真地幻想著，眼前的這棵樹一定是我小時候那顆黃槿的親戚，我看著她，然後對著她笑。

黃槿的雄蕊拓出了酒紅色的汁液，成了孩子意外的畫筆。

記憶中難以忘懷的經典遊戲

女兒知道媽媽對黃槿有眷戀，所以也喜歡這黃花，她們模仿我把黃槿敲剁成花泥扮家家酒，煮菜遊戲可是女孩永遠不厭倦的不敗遊戲。她們敲著敲著，卻忘了學媽媽翻開花苞看看有沒有螞蟻，常常被突然竄出的螞蟻嚇了一大跳！螞蟻爬繞著花蕊，女兒想撇開螞蟻，就拿著雄蕊在地上撇畫，沒想到地上拓著酒紅色的痕跡，這意外的撇畫，讓女兒發現，雄蕊竟可以是一支天然的畫筆，於是，她們收集了其他落下的黃槿花，拔掉花瓣，只剩下雄蕊，接著，用石頭按壓著雄蕊在地上畫畫，zozo 比著雄蕊說：「這就是我的畫筆。」

她們畫了童稚的圖案，說是「小圓球」與「愛心人」，酒紅色的畫筆顏色在大自然底色顯得好突出、好耀眼，女孩越玩越起勁，收集越來越多的黃槿（不過沒有破壞一旁示愛的人所排列的字眼），她們突然不太怕螞蟻

來貪蜜，或許感覺到得和螞蟻一起平分資源，她們也不玩媽媽兒時的女孩扮家家酒遊戲，此時，她們只想認真地畫畫，我的遊戲不具魅力了，只有孩子自己發明的遊戲才能讓她們保持新鮮感，持續得玩，也才能在她們長大成人後，回過頭憶童年時，成為她們難以忘懷的經典遊戲。

我大概可以想像，長大後的 zozo、yoyo 會對著她們的小孩說：「小時候，媽媽最喜歡拿黃槿花來畫畫，那是天然的畫筆，但要小心有沒有螞蟻在爬喔！」

你呢？小時候你愛哪一種樹與花呢？哪一棵樹或花又曾經在你的童年回憶中占有重要的地位呢？帶著孩子去找它們敘舊吧！相信在它們面前，你又會回到當年那個在它身邊快樂嬉戲的小孩。

示愛的人用黃槿花排列圖形。

前往 ➡ 痕跡本 p34

zoyo 在旅行中將植物的汁液留在痕跡本。

景點

社區營造下的藝術村：台南大崎里

　　黃槿因耐鹽、耐乾、耐風，所以常常可以在濱海地區看見黃槿。我們卻在離海很遠的台南藝術大學內發現許多黃槿樹，尤其是在宿舍區老橋邊的黃槿樹最迷人，黃花落下，漂浮在小河上，頗具詩意。南藝大位於官田大崎里，其建藝所學生深耕社區營造於大崎村內，不僅為村裡的孩子成立竹鼓隊，並閒置空間再利用，將老舊閒置的中山堂整修規劃為「兒童藝術圖書館」，透過募書活動，目前館內已有童書千冊。大崎村果農還和學生合作，固定舉辦農藝市集，是一個潛力十足的藝術農村。

國立台南藝術大學

🏠 台南市官田區大崎里 66 號　📞 06-693-0100　🔗 http://www.tnnua.edu.tw/

福爾摩沙寫生計畫

孩子，我喜歡這老屋，
喜歡他的沉著與修養，
喜歡他的氣質與涵養，
但我該如何記住他的樣子？
拍照、寫生、為他寫一首詩？
媽媽，我來畫這老屋，
讓妳永遠記得他。

是呀！拍照是瞬間取得畫面，
寫生卻是一筆一畫勾勒，
這過程足以讓我們記住他。

我經常會想起早產出生的女兒，眼神總是無助，臉上總是掛著求愛的表情，她們對我施展的「愛之訓練」不容小覷，幾年下來讓我更加能幹、有效率。那一段我必須獨立帶養她們的歲月真是刻苦銘心！起初的一、兩年幾乎沒有辦法自己帶兩個孩子出門，得有先生陪著才安心，因為面對兩個幼兒，事前準備的工作太多了，突發狀況也層出不窮，我實在無法一個人應戰。

把台灣的古蹟都畫一畫！

女兒兩歲多時，我鼓起勇氣提出了自己一人練習帶孩子出門的計畫，「總有一天，我還是得面臨自己帶孩子出門，提前練習總是比較好的。」我這樣跟先生提議。於是，我們開始展開了母女三人的「三人行計畫」，每回兩、三個小時的外出實習果真磨練出我對突發狀況的機智反應，以及快速地處理好孩子的各種生理及心理需求，而且還培養了我與左右姊妹合作無間的良好默契。

左右姊妹上小學一年級的時候，因為爸爸每逢兩週假日有教學工作，無法陪伴我們，雖已經習慣三個人在家的生活模式，但我們仍希望小學生的假日能夠精采豐富，別枉費難得的假日時光。因此，我們再次啟動「三人行」模式，母女三人踏出腳步，以行動來豐富我們的生活。

對歷史特別感興趣的我，常常帶著左右姊妹漫遊台南府城，有時也會和孩子聊聊老建築的歷史故事，內心對歷史的喜愛似乎就如此平行輸入給她們。我提出了一個三人行的新方案，不如趁著爸爸到台南上課時，母女三人定點旅遊一個古蹟，然後就地寫生，我稱這是「福爾摩沙寫生計畫」。左右姊妹對於我的提議以甜美的笑容表達讚賞，同意一起和媽媽作深度旅行。就這樣，我們開始履行寫生計畫，甚至誇口地說：如果可以把台灣的古蹟都畫一畫，那該有多好！

懷抱赤誠之心為環境留下一幅畫

　　「福爾摩沙寫生計畫」的地點是台灣各地古蹟及歷史建築,從台灣最多古蹟的城市——「台南」開始是最佳選擇。每次鎖定一個古蹟景點,出發前我會預先做功課,隔日和左右姊妹一起共遊時,可以與她們分享。對於歷史故事的說明我會依孩子的年齡成長斟酌其量,不要讓孩子覺得是一種負擔。簡單導覽完後,就讓女兒自行觀察,選擇一個自己想畫的地方,也許是古蹟本身主體建築,也許是周邊的一棵老樹、一個小角落、一尊銅像、一道牆也無妨(她們第一次畫的台南大南門就是畫老城牆的城垛),只要懷抱著赤誠之心,就能為這環境留下一幅畫。

　　四年來,左右姊妹已經畫了近三十站古蹟與景點,其中包含了高雄、台南、新竹、台東、花蓮。記得在台南孔廟寫生時,一群孩子一起畫,由於是觀光景點,不時吸引觀光客拍照。這些小朋友都是 zoyo 第一次見面的新朋友,當時,她們兩個非常害羞,一直低著頭作畫,害羞地不敢與其他小朋友互動,那次 zoyo 出奇地畫得很詳細,由此可見,專心一致是輔助寫生的良藥,我們不小心得到這帖良方。

　　在成大校園內的台南小西門與高雄大樓的寫生邀請了乾女兒一起畫,這四個女孩碰在一起,愛玩的心就噗通噗通地跳躍著,她們一點都畫不下去,一心只想著要如何大玩一番,於是,畫得很快、很應付,友情至上的吸引力讓「寫生」一下子就被排擠掉了。

　　到東部旅行時,我們也會刻意安排寫生的行程。記得有一回到台東宜灣長老教會的教堂,那教堂正面像是一張卡片,再往後走,卻發現它只是一間平房,zoyo 看了這小而美的教堂,開心地繞著教堂跑,還沾沾自喜地宣稱不到五秒就可以繞完,驚喜雀躍地就像是收到聖誕卡一樣。那次,她們隨性地趴在地上畫畫,宜灣居民經過時,還會露出微笑與我們打招呼。

和家人一起寫生，是一種特別的家庭聚會。

在新竹迎曦門寫生時，遇到許多寫生小團體。

　　在新竹畫東門迎曦門時，寫生計畫已經進行了三年多，zoyo 就像是個寫生老手一樣，馬上就能進入狀態。那天我們要到竹蓮國小進行一場木作坊的活動，生怕從南部到新竹會遲到，於是清晨四點半就出發，沒想到到達竹塹城時，才清晨八點鐘，距離活動時間還有一小時，假日八點鐘的新竹市區幾乎很少觀光客，有一種難得的清靜。我問女兒想不想寫生（聰明的我前一晚就準備了寫生袋）？沒想到睡眼惺忪的 zoyo 竟說好，我們就這樣鋪上了野餐墊，面對迎曦門開始著筆描繪，當時間慢慢過去，陽光越來越強烈，溫度也慢慢升高，環顧四周，竟發現身旁也出現了寫生的同好，有爸爸帶著兒子出來寫生，也有三、兩朋友相約出來寫生，我看了真驚訝！這麼多回的寫生行程，第一次看見有其他隊伍，而且還不止一個人，新竹果然是文化之城。

孩子藉由畫下來的景色成了記憶的一部分。（這是花蓮慶修院）

為什麼要帶孩子去寫生？

「旅行」是一種內化情緒與情感的行動，不需要加諸太多煩悶的疲憊，所以，我們的步調是緩慢的，但即使緩慢步調，很多時候我們的雙眼還是容易忽略環境中細微之處，於是我讓寫生成了「摸索環境」的媒介，孩子藉由凝視、觀察而對這地方產生印象，畫下來的景色成了記憶的一部分，是一種比照片還溫暖、具有手感的回憶模式。另外，因為進行中得靜下心來畫畫，孩子進而養成安靜觀察與專注的能力。而且，我發現，只要女兒寫生過的地方，她們大都能記住當時的氣氛以及自己畫畫的感覺。

寫生前，zoyo 聽著媽媽說著歷史故事，而對環境更有感覺，有時聽到已知的歷史年代時，她們還會急著發表意見。yoyo 常常告訴我，老師上課說起台南古蹟時，她竟然都知道這些古蹟歷史，而且她是全班少數去過許多

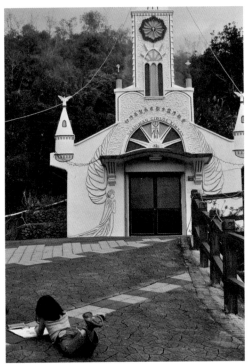

台東宜灣教會正面像是一張卡片。

古蹟的小朋友，看她得意洋洋、嘴角上揚，我也忍不住跟著微笑。尤其當我們發現，學校的課本內不時出現我們踏逐過的地方與說過的歷史時，一種已經看過電影首映會的快感不禁油然而生。最重要的，寫生讓親子相聚的時間變多了，固定的親子活動會讓孩子充滿期待，每回說要寫生，zoyo 就有一種又要和爸爸媽媽開心外遊的喜悅。

　　長達四年的寫生計畫，左右姊妹是否持續的喜愛呢？這是我比較在意的問題，我心中難免擔憂好動的小學生是否慢慢地不愛靜態活動，但每次從她們歡喜地期待的表現，我就大可放心，zoyo 說：「我們很喜歡寫生啊！」也許是因為那和野餐具有同等級的快樂吧！

與孩子來一場不同的旅遊模式吧！

　　這幾年畫古蹟的經驗，讓她們畫出成就感，更有許多畫畫心得，例如她們會很有經驗地調和出古蹟建築的磚紅顏色，她們宣稱那是「古蹟色」；她們也很會畫樹，因為幾乎每一棟歷史建築，其主建築旁都會有樹木在一旁陪伴；zoyo 不僅注意到建築主體架構，也開始觀察柱式、角窗、燕尾、山牆浮雕等裝飾細節。

　　你也幫孩子買一塊寫生板，與孩子來一場不同的旅遊模式吧！坐在野餐墊上，觀看著眼前的建築或風景，孩子寫生，父母可以看看書，甚至一起作畫。這是一種不同於歡樂模式的靜態親子時光，它能讓你和孩子與環境相融合，以畫作代替攝影而留下回憶，或許，你會愛上這種讓人著迷的活動喔！

　　後記：寫生時，我們最常用的顏料就是「水彩餅」，這是一種乾式的水彩顏料，一般我們畫水彩都是擠出顏料在調色盤上沾畫，但水彩餅是將顏料做成粉餅狀，我們可以直接用水彩筆沾水在餅上塗抹，即可沾取顏色，因為覆蓋力不強，搭配事先用鉛筆或油性筆勾勒好的素描稿，就稱為淡彩。畫畫結束後，畫餅稍乾就可以直接收拾，這是一款非常好攜帶又好收拾的畫具。

水彩餅稍乾就可以直接收拾，非常好攜帶又好收拾。

前往 → 痕跡本 p35

左右姊妹近九歲時在花蓮畫富里禮拜堂。

試著把眼前景色畫在這裡,
畫什麼都可以喔!

現代主義的台東公東教堂

台東公東教堂是目前我們唯一畫過的現代主義建築。如果閱讀過《公東的教堂》一書後，你會對公東高工的聖堂有所期待與感動。

公東高工校園內的聖堂大樓，從前結合了實習教室與宿舍，而聖堂就在此大樓頂樓，十字架也高立在頂端，在半個世紀前，這十字架及這棟建築物是台東地區最高的建築，遠遠的，就可以看見公東教堂。

有別於其他教堂，公東教堂被安排在四樓，當年來自瑞士的天主教白冷會神父錫質平神父，認為學習技藝對當時的學生最為重要。所以，學生白天在實習教室學習，晚間住在樓上宿舍，教堂就被設置在頂樓。當時，既是總務主任又是英文老師的錫質平神父，甚至還身兼舍監，他也住在這裡（R431）照顧這些在校生。

公東教堂建於一九六〇年代，當年錫質平神父遠從瑞士請來達興登（Justurs Dahinden）建築師設計（達興登當時還是一個研究所畢業的學生，聖堂大樓是他博士時期的作品）。當時是現代主義盛行的年代，一九五五年科比意剛完成法國「廊香教堂」，而台灣在一九六〇年竟有了一棟與廊香教堂風格類似的建築物。仔細瞧！外觀像是現今盛行的清水混凝土建築，沒有過多裝飾，幾何圖形的開口，不同的角度，在框內有不同的自然風景，以及射入的光線，而這就是僅有的裝飾。

我們跟著導覽老師上了四樓，當聖堂白色大門被開啟後，我們都被眼前的畫面所震懾，寧靜的畫面像是在前方等待著人們，而當聖堂真正光明，才知道這兩扇不對稱的門是對應著聖堂內不對稱的空間。從天而降的自然光光源以及壁上耶穌受難圖的花窗所透出的光線，讓聖堂顯得平靜，無形中，人們也跟著平靜下來，此時此刻，似乎也不需多描述，靜靜地坐著，感受聖堂的力量。

台東公東教堂

🏠 台東市中興路一段 560 號　📞 089-222-877#803（宗輔室）　🔗 http://chapel.ktus.ttct.edu.tw/　🕐 週一～週日 10:30-　❗公東教堂就在台東市公東高工內，因為是學校，所以參觀需要預約，詳情請洽預約上述網址。

陪他去戶外教學

書本知識是平面的、被動的，安靜的，
環境訊息卻是立體的、主動的、活躍的。
讓我們去郊遊、去遠足，
來一場戶外教學，
獵取環境中趣味的知識與訊息。

當孩子開始進入學校後，家庭生活的作息和步調都隨之改變了，我們不再擁有寶貝學齡前那段自由的時光。在女兒進入校園生活後，我們刻意維持多量的親子互動時間，職守於「關懷」的工作，以平衡孩子一天近十個小時不在身邊的空白。

孩子不在身邊時，我常想著，女兒現在在學校做些什麼事？和同學的相處如何？老師與她們有什麼互動與交集？這些校園畫面，有時得經由孩子口述，或是靠著親子手冊作想像，自己很難有現場感。因此，只要有家長可參加的校園活動，像是家長觀摩日、親師座談會、校慶運動會、戶外教學，我幾乎都不會放棄以旁觀者的角度觀看女兒校園生活的機會。

我爸爸媽媽超愛我的！

從幼稚園時期開始，女兒的每一場家長可參與的活動我都盡可能參加，這樣不僅可以多和老師聊聊女兒在學狀況，也可以趁機知道女兒與同學相處的情形，這對我來說是非常重要的，因為可以提供我許多孩子的成長訊息，當孩子在學校有心理上的問題時，往往就能從中找到線索。而女兒也很希望我們能知道她所描述的校園人事物，如果爸爸媽媽能夠認識孩子的朋友，孩子會覺得我們參與到他的成長，對我們的認同會隨之更加堅定，因為他能感受到，我們對他的關心與支持。

戶外教學是個可以意外獲得孩子認同的活動，幾年來參加女兒的戶外教學，我發現，只要是有父母跟隨的孩子，他們總是眉開眼笑，有一種我爸爸媽媽超愛我的幸福感，左右姊妹亦是！喜歡在同學面前，刻意與媽媽摟摟抱抱，遇到與同學開心的事也會轉過頭對著我笑，好像在告訴我：「媽媽！妳看，我的同學就是這麼好玩。」我知道女兒很享受這種媽媽在的幸福，而我也樂在其中。

家長在戶外教學中該扮演什麼角色呢？我盡量讓女兒感覺到「媽媽不在」以及「媽媽在」兩種感覺。我在隊伍之後，以旁觀者的角色觀察孩子，以及協助老師照顧一群外出的孩子；我還刻意幫班上孩子們照相，以一種自己是他們的母親的角度記錄孩子，因為我知道當我記錄下這些畫面，收到影像檔的家長一定可以藉此看到孩子在戶外教學中玩樂與學習的樣子。

看！我的女兒多愛我

女兒讀幼稚園時，有一回到動動物園戶外教學，由於 zoyo 就讀兩個不同班級，可讓我進退兩難，她們同時都希望媽媽能留在自己的班上，那一次，我還真面臨到大考驗，隨時隨地得說服正在享受媽媽溫情的她，讓我去找另一個她。上了小學後，她們知道這種搶媽媽的撒嬌行為很為難媽媽，所以也會自己分配時間。「早上媽媽搭 zozo 班的巴士，下午搭 yoyo 班的巴士」；「早上媽媽先在 yoyo 班，中午過後在 zozo 班」。我真高興她們讓我自在一點，這樣和諧的模式才不致破壞戶外教學的好氣氛。

女兒小學三年級時，與我發生了一次戶外教學的誤會。那時，學校發了一張戶外教學調查表，zoyo 高興地就要飛上天，我說：「好棒！讓妳們去玩吧！」

晚間，當我填寫調查表時很想勾選「家長陪同」，但怕女兒不希望媽媽陪，因為很多朋友告訴我，有些大孩子不喜歡爸爸媽媽陪伴，於是我試探地問：「媽媽需要去嗎？」沒想到女孩沒多說話，只說：「隨便。」這輕輕的隨便對我來說還真是重重的一擊，我感受到需要「放手」的痛苦，整個人掉入幻想中——女兒不需要媽媽了！她們不再像從前一樣黏著我。我是該為她們的獨立感到高興，然而，我卻悵然所失，越想越難過。

睡前，我親吻著她們的額頭，並淡淡地說了一句：「妳們長大了，不需要媽

媽了，可是我還很需要妳們。」yoyo急著問：「為什麼說我們不需要妳了？」

「因為妳們不需要媽媽去戶外教學。」yoyo聽了，難過地躲進被窩裡掉眼淚。她委屈地說：「是因為妳說要我們自己去，我才不敢要求媽媽的，我們才八歲耶，我們還很需要媽媽的，可能一輩子都需要的，怎麼可能不需要媽媽。」當下，我覺得好愧疚，自己情緒不穩定讓孩子委屈了⋯⋯

親愛的寶貝，對不起！媽媽神經質、媽媽大意，媽媽也太需要妳們了，所以容易失落，真的對不起，媽媽很愛很愛妳們啊！

誤會一不小心就產生，差一點我就誤會滿心愛我又貼心的女兒了，幸好，這件事解開了，我又可以去戶外教學了。

這個事件後，女兒只要遇上戶外教學的機會，總是堅定地幫我勾選「家長陪同」，還體貼地告訴我，會幫容易暈車的我爭取坐在前面一點的位置，有時還說：「媽媽，我們座位後面是小昀喔！那是我最好的朋友。」

她們甚至在學校合唱團要到外縣市比賽前問我：「媽媽，如果我們晚上在旅館睡覺，和同學同房，沒有和妳同房，妳會不會傷心？」女兒這麼貼心，讓我這隨行的媽媽反過來得到幸福，這下，反而我在戶外教學中，可以自信地說：「看！我的女兒多愛我。」

跟著女兒一起戶外教學。

前往 → 痕跡本 p36

來玩撕紙貼畫（ㄊㄧㄝ）吧！

九歲 ZOZO 用包裝紙貼出圖畫。

九歲三個月的 yoyo 用 DM 拼貼出媽媽的樣子。

將旅行中收集到的紙，撕成碎紙，
重新貼在這裡，拼成一幅畫吧！

可以自己做一張手工紙的南投廣興紙寮

一進入埔里，就感覺到山城的味道，山壁的青苔濕濕綠綠的，地面偶有一片扁綠的苔，空氣中傳來濕氣很重的植物味道，這好像提醒著我們，在山城裡走路要小心慢行，小心濕滑，慢慢走，感受山城裡珍貴的芬多精。

山邊的小城躲著一家堅持做手工紙的工廠，這兒製造出來的紙外頭買不到。水墨畫家、書法家對於紙的要求很細膩、很嚴格，不同觸感的紙與墨有不同的碰撞，於是，「廣興紙寮」成了他們尋紙的最佳去處。

如果，要讓孩子感覺不一樣的紙，應該來廣興紙寮走走，摸摸這些紙，它們的觸感、重量與顏色都大不相同，然後找尋一張鍾愛的紙帶回家。或是，自己做一張紙，薄厚全操控在自己的雙手，即便破了洞也是一張很有味道的紙。

紙張裡的纖維組合可以很多變，紙漿裡可能混有稻草、茭白筍、麻、竹、木耳……等。zoyo 看見那些打出來的紙漿作嘔直喊：「唉呦～」殊不知這些紙漿裡的配方可是獨門配方，很珍貴的呢！

抄紙師傅慢慢抄紙，用自己的經驗值要把一疊豆腐紙控制在每一張紙的厚度相近，廣興的工作人員稱抄紙的師傅為國寶級的抄紙師傅，想想，的確啊！沒多少人能夠以手工的方法去控制一張薄薄的紙。

我們也想要試著自己做一張紙，調皮的 zoyo 在水裡混水摸紙漿，還高興著裡頭混有紅色的小紙屑。我們得開始認真造紙，當個小小蔡倫！從濾紙、抄紙、壓水到烘紙，短短一小時內就可以造出一張手工紙。

南投廣興紙寮

🏠 南投縣埔里鎮鐵山路 310 號　📞 049-291-3037　🔗 http://www.taiwanpaper.com.tw/　🕐 每日 09:00 -17:00，除夕休館　❗ 參觀前請事先預約，以便安排解說員全程解說。

爬山激起孩子的堅持

孩子，遇到挫折時，請不要輕易放棄，
現在的錯誤是邁步向前的能量，
如果處在原地哭泣，是無法抵達終點。
你可以發洩情緒，可以委屈地流下淚水，
安撫自己過後，又是嶄新的開始，
請記得，永遠不要放棄自己，
相信自己有這樣的能力。
當衝破難關，抵達山頂時，
無限的喜悅與成就將等著你。

途中發現的蜘蛛。

　　和孩子一直有個約定，希望每年元旦都能爬山，不管山高山平，山陡山緩，都要驅動自己的雙足躍上山，因為如果可以用汗水、用喘息、用極度運動的狀態來迎接嶄新的一年，那會是一種幾近鼓勵的正面效果。未來一年，我們就是要如此努力向上，披荊斬棘、度過難關，難過時喘一下就會過去了。

　　開始帶孩子去爬山是在她們五歲的那一年，那一年冬天，突然想爬山的我，邀約兩個五歲女孩一起同行，她們當時年紀小，不知爬山會喘、會累，只知道應該又是一場野外的旅行。於是，興高采烈地舉雙手歡呼。出發前一晚還用「睡不著」來期待爬山日的到來，隔日醒來，zozo 一睜眼就大喊：「爬山日，起床！」yoyo 也隨即附和，看她們倆精力十足，也讓我們笑著從睡夢中醒來。

　　可以想像與理解的，小孩兒不能去征服一座大山，只能和一座小小的山交朋友，那一次我告訴她們要去爬半屏山，zoyo 疑惑地問：「是一半而且

zoyo 五歲時開始爬山。

平平的山嗎?」小孩這天真一問,半屏山頓時變得很親民,我回答:「ㄟ,算是啦。」就這樣,我們備好水果、點心、茶水及日記,就揹著背包上山去囉!

爬山訓練孩子的耐力

帶孩子去爬山其實還有個小小的計謀呢!那陣子的左右姊妹脾氣不是很好、耐心度也不足夠,她們老是為了一些小事互相計較,我明白這是手足自然現象(更別說相同年紀的雙胞胎),但總覺得得想想辦法抒發負面情緒。我想起自己上山的美好經驗,好像任何煩憂都可以在山裡找到慰藉,可以一股腦兒地把情緒髒空氣丟給大山,在大自然中慢慢過濾,除此之外,我絕對相信,爬山可以訓練耐力與耐性,讓孩子面臨進退兩難,卻還是得硬著頭皮繼續往前走,不過,如果是小小孩,進退兩難的可是肩上有沉重負荷的爸爸媽媽。

我們歡天喜地往半屏山而去,一路上嘻嘻笑笑,我大概可以猜出這兩個女娃中途可能會累到受不了,所以一開始就刻意營造遊戲情境,把爬山活動戲劇化。我說:「我們來收集這座山的十大發現,好不好?看看我們可以找到什麼好玩的事。」她們姊妹倆開心地說好,在爬山過程中,她們的雙眼更注意周遭的環境,注意力也轉移到山上的一草一木,當她們開始呈現疲累沒電力的時候,我就趕緊說:「有新發現。」好勾起她們的興趣,我們就這樣走走停停,邊歇邊行地往山頂而去。整個過程我們竟然只有六大發現,今日的半屏山很平靜!

左右姊妹的六大發現有那些呢?

茄子:發現山下有人種茄子,五歲的 zoyo 第一次看到呢!

大蜘蛛:樹林間有隻人面蜘蛛,這大蜘蛛馬上勾起 zoyo 的好奇心,驚奇感都黏在蜘蛛網上了,好奇心驅使她們繼續往前走,想要再發現別的昆蟲。

腕龍出沒:樹林間一支突出的樹幹,活像一隻腕龍,讓我們開心極了,覺得

半屏山好像恐龍時期的原始山。

拉筋木板： 在第一座休息亭裡發現一個怪怪的木板裝置，應該是上山運動的爺爺奶奶放的，可以拉拉小腿筋呢。

恐龍爪： 大岩洞旁陡峭的山壁上，有明顯的凹洞像是腳爪，我們就想像是恐龍爪，半屏山還真的有恐龍出沒啊！這時期喜愛恐龍的左右姊妹越看越興奮。

野人： 有個告示牌寫著「禁止餵食野人」，我嚇得跑向先生身邊，這裡有野人啊！Doch 仔細看，原來是「禁止餵食野犬」的「犬」字掉了筆畫變成「人」字。

爬山是互助、關心的好活動

爬山過程當中，我們會聊聊天，會觀察大自然環境，有時身為大人的我們會說一些從前爬山的回憶，我笑著說：「爬山，很好玩喔，可以和同伴互相幫助。」zozo、yoyo 不甚瞭解，總覺得爬山是自己兩條腿的工作，為何需要和同伴互相合作？我說著：「例如，前面剛好有一塊大石頭，這時候前面的人就要大喊『這裡有一塊大石頭，要小心！』然後，後面的同伴要一個一個接下去說，這樣算是提醒後面的人啊！」這下她們懂了，接著就是一連串的「這裡濕濕的，要小心路滑」、「這裡有一支樹幹，不要撞到頭」、「這裡有一片葉子」（葉子？）……

除了這，還有什麼呢？當有難行的路段時，前面的人就有義務拉後面的人一把，年輕力壯的人就有責任扶持小孩與老人。這下她們好像領略到箇中道理，頻頻伸出雙手：「媽媽。這裡有點高（明明不高），我幫妳。」、「yoyo，這裡有階梯，拉妳一把。」就這樣，這段山路我們走得真緩慢啊！不過如果可以從中模擬一些互助關心的行動，再慢也值得啊！

我還意外觀察到孩子的受挫力與堅持度，在上山的後半段，yoyo 累得滿頭大汗，拿出來的小點心也無法填補她的疲憊，她軟了腳跌倒，然後哭了

175

起來，在山裡落下小孩可愛的淚水，她累了，任何人都看得出來，zozo 趕緊走向 yoyo，體貼地握握她的手，我在一旁看著 yoyo，心裡想著該放棄嗎？前方的路還有多遠？

　　我們心疼女兒，「算了啦，前面路可能還很長。」但 yoyo 卻哭喪著臉說：「不要，不要，我要走到上面（山頂）。」縱使我們多次說服，她仍不願意返回。我很高興 yoyo 這樣的堅持，從孩子身上我看見難能可貴的堅持度，不輕易放棄，自始至終地朝著目標前進。

　　目標已到，瞭望台到了，山頂到了，zoyo 笑了，雲開了，陽光出來了。這一趟爬山小記，我刻意讓孩子吃了一點小苦，除了看見她們吃苦的真實模樣，也見到了她們面臨困難的堅定表情，那個表情一直烙印在我心中，深刻而美麗。

意外的發現，讓大家都笑開了。

前往 ➜ 痕跡本 p38

嘻～嘻嘻～怪怪警告牌！

zoyo 設計的警告標語。

在郊外，總會有一些都市不常見的招牌，把它們畫下來，也可以發揮你的想像力，設計標誌喔。

前往 → 痕跡本 p40

終於到達山頂🌋了，感覺真棒！
看看四周，將這裡的花草樹葉🍃，畫進痕跡本裡吧
這裡是專屬於你的山上痕跡證明。

zoyo 在美濃雙溪熱帶樹木園，撿
拾花草並在紙上畫輪廓。

景點

白霧茫茫的嘉義隙頂有座象山

隙頂位於往阿里山 18 號公路上，終年雲霧繚繞，為觀霧最佳之處，附近龍頭的「龍頂步道」可觀日出，「二延平步道」可賞黃昏落日、觀雲瀑。公路旁的低矮茶園更是迷人的景色，當白霧飄來，在綠色的茶園蔓延開來，真像是人間仙境一樣呢！隙頂還有一可愛之處！有一座外形像是大象的「象山」，它是隙頂的精神地標，遠遠地看，這座巨象還真像一座大象溜滑梯，讓人相當喜愛。

嘉義縣文化觀光局

📞 05-362-1855（諮詢專線） 🔗 http://www.tbocc.gov.tw/
嘉義隙頂休閒步道區

🕐 白天 ❗ 自行開車：龍頂步道：台 18 公路 57.5 公里處。二延平步道：台 18 公路 53.4 公里處（由傳說村上山）。大眾交通：嘉義火車站火車搭縣公車阿里山線於隙頂站下車。

Part3
你我／在屋裡／約會

當我們透過觸覺來摸索辨認時，
此時在觸覺的世界中，什麼物件都是新奇的，
也許在此刻才得以真正感覺到，
原來玩具櫃摸起來是這樣帶有紋路的平滑；
書桌摸起來並非完全光滑，
牆面摸起來是如此冰冷並帶有粒子的觸感；
我的玩偶一摸就有毛茸茸的感覺啊！

帶孩子走進藝文空間

我們常常注意那些非美術館的另類空間，
走進這些地方，
孩子們會看到真實的藝術熱情，
會看到藝術家們的身影，
會接觸到自然的藝術話語，
自己與作品之間不會有嚴厲的隔閡與監督。

展覽也讓小孩有另類閱讀的機會。（南藝大材質系九人聯展「壁虎的尾巴」，台南）

　　二〇〇一年夏天，我在法國巴黎停留了幾日，短短三天走訪幾處美術館，包含了羅浮宮、奧賽美術館及龐畢度文化中心。這是許多觀光客朝聖之地，我也不免俗地前往參觀，除了熱衷吸取西方文化藝術知識外，我在看展過程中觀察到一個特殊的現象。

　　不管在哪一個美術館內，總有許多不同年齡層的孩子，在沒有父母、師長的陪伴下，三兩成群一起逛美術館，年紀大的高中生、大學生以二至三人小團體為主，年紀較小的幼童、小學生則七、八人聚集在一起，這些學生人人手上持有筆記本與筆，看展過程堪稱訓練有素，他們在作品前低聲討論、寫筆記，看展的畫面讓我感到驚訝。假日獨立看展、共同筆記作品，以及在展場中公德心展現，這些畫面都是當時我在台灣鮮少看見的。

　　或許，我們會認為這是巴黎藝術之都常見的景象，許多的美術館、博物館、藝術中心林立在首都巴黎，法國孩子有那樣的環境，可以讓他們這樣高頻率地看展，但想想，即便台灣有許多藝文中心，是否孩子們也能這樣自主且自在地看展？把進入展場視為一種很自然的休閒與學習活動？

這十年來，法國孩子看展的畫面一直影響著自己帶女兒看展的心態，我有意地觀察女兒從八個月大到現在十歲的年齡，這近十年來與我們一同逛展覽時的狀態。我得到一個結論：只要很自然、不說教、不刻意教導藝術知識，那麼，孩子就能自然地將看展覽歸類於如同在公園散步、看電影、逛書店那樣輕鬆的休閒活動。為了撕下那「藝術」沉重的歷史標籤，我們也常常注意那些非美術館的另類空間，走進這些地方，孩子們會看到真實的藝術熱情，會看到藝術家們的身影，會接觸到自然的藝術話語，自己與作品之間不會有嚴屬的隔閡與監督。

父母的心態很重要

不要預設「藝術活動」就能增加孩子藝術的氣質，更別把這活動預先灌注過多的期待，因為你的期待會讓孩子感受到「目的性」，如果這樣，孩子就會感覺到看展覽一點都不好玩了，充滿負擔的看展只會讓孩子覺得有如功課般的壓力。父母不如放下期待，當作是一種陶冶身心、抒發情感的小旅行，牽著孩子的手，一起進入展場的奇異空間。

帶孩子看展覽的前提當然是爸爸媽媽也不排斥，如果爸媽不感興趣，孩子也會感受到你興趣缺缺，所以，選擇大人也感興趣的展覽是親子逛美術館很重要的出發點，而大人也要試著學習，把看展覽當作是一件讓自己步調慢下來，思維靜下來的活動，這種氣氛或許就如逛書店、溜公園、運動一樣休閒。

孩子幾歲開始逛美術館？

如果不把美術館視為貴族的藝術殿堂，那麼對於看展年齡的門檻也就沒有那麼高。我們要讓孩子自然地接觸這種充滿作品的非日常空間。我的女兒在八個月大時，有了第一次的初體驗，那時我推著雙人推車，在明亮的高雄美術館大廳內看著幾件大型的雕塑作品，雙胞胎女兒眼珠子

滴溜溜地，不安定地轉動，東看西看，每一件作品對她們而言都好像是充滿魔力的驚奇之物。事實上，只要精神狀態不錯，任何年齡層的孩子都可以逛美術館的，但如果孩子的情緒不佳、精神不濟，就別過度勉強他們進入展場，因為當孩子不自覺地對這樣的空間經驗留下負面評價，下回要再說服他們進去的話，就要克服這種刻板印象了。

事前準備

看展前需要特別的知識準備嗎？

如果看展覽就像是旅行，那麼當然可以預先規畫，做好行前教育，不過我們也可以毫無顧忌的順其自然，接受未知的新奇，抱著好奇感大步走進畫廊，千萬別有太多的顧忌（其實這正是許多藝術家預設的觀眾狀態）。二〇一三年夏天在台北四四南村有一場「木頭亮起來」木燈具創作展，起初，我們只是到園區走走，無意間發現這展覽，基於對木頭溫暖質感的喜愛，於是邀約女兒一同進入，沒想到，這場展覽激發了許多我們對於木頭創作的想法，女兒在這些木作創作中，找到自己喜愛的作品，拿著相機專注地拍照留存，然後露出會心的一笑，我們甚至因為這觀展經驗，特地去尋找木作藝術家的工作室。

對於有歷史定位的藝術家展覽，較適合作為文化知識的補充，那麼就花點時間做功課吧。例如，把展覽作品的年代，或是藝術家背景及其他相關作品與孩子一起共同學習，當然，這樣的預習功課比較適合於學齡孩子，面對學齡前的幼兒，我們只要用淺顯易懂的字句吸引孩子即可，例如，參觀米羅特展前，我們可以告訴他們：「米羅是一個很有趣的西班牙藝術家，他一直很想學小朋友畫畫的樣子喔！」相信這樣的誘因就會很吸引小朋友的。

初次進入展覽空間的孩子總是需要一些「遊戲規則」的預告，告訴孩子

木作藝術家 EVEN（吳宜紋）作品。
（「木頭亮起來」，台北四四南村）

我在台中國美館戶外導覽李明則藝術家「高雄蓮池潭」畫作。

我們即將到一個需要安靜的場所，那個場所和醫院、圖書館一樣，要注意環境，說話音量得放低，展覽空間內的藝術作品，除非有特別標示，否則只能用眼睛玩「偵探遊戲」。此外，地上會有一條標示線，那條線就像是遊戲關卡線一樣不能超越它，它是我們和藝術作品的中間線。

看展中，需要刻意解釋嗎？

對於學齡前的孩子來說，培養孩子自然性地逛展場，是我覺得最重要的一件事，不要強迫孩子學習藝術知識，更別讓孩子去背誦對他沒有感覺的專業名詞，我們要做的，就是讓孩子用日常的方式對於眼前的作品感興趣，並且找到自己有所共鳴之處。所以，當我們站在一幅畫前，盡可能從孩子日常生活中感興趣的物件開始觀察。

我以台中國美館一幅典藏李明則藝術家的畫作──「高雄蓮池潭」為例。二〇一二年十月我在台中國美館有一個導覽「高雄蓮池潭」的活動，對象是幼稚園及小學生。當畫作展示在孩子面前時，我雀躍地分享自己的發現，我問小朋友：「你們有沒有看見畫裡出現一個人沒有穿衣服，拿著扇子在外面走來走去的人呢？」當一群孩子聽到沒有穿衣服這件日常生活中的樂趣時，

就急著張大雙眼尋找，我又出了幾題尋找問題，例如「有一個人，頭大大的，他竟然有烏龜的身體」、「畫裡面有個長著狐狸尾巴的人」……，最後我還反問：「小朋友，你們對畫中哪一個人物最感興趣？覺得他好奇怪、好好玩。」許多孩子紛紛舉手上台，發表他的新發現。「我看見超人了」、「我看見美人魚在水裡，我最喜歡美人魚了」，甚至有媽媽說：「我覺得這個戴口罩的人，一定覺得高雄空氣不好，所以戴口罩。」

像這樣集合大人小孩的想法，從中引起共鳴，隨之讓孩子從畫中尋找驚奇點是學齡前至小學階段孩子最輕鬆的模式，如果看作品就像是遊戲一般，孩子就會很自然地投入畫中的探索。

從熟悉、有興趣的焦點開始，展開親子間的對話，當然，我們也可能對某一件作品毫無興趣，這是個人的喜好，不必強迫自己對所有作品「感動」，更無須對自己的興趣缺缺背上「看不懂藝術作品」的罪名。

帶著幼兒看展，互動性的作品是最佳選擇，這些作品饒富趣味，通常預留了觀眾操作的空間，期待觀者與作品間擦出火花，締造出作品的另一種樣態。這種互動性的作品，非常適合當作孩子看展覽的入門秀，像是青年藝術家曾偉豪其作品「延聲」是一種聲音互動裝置，藝術家希望觀者以手或身體在牆面上搜尋聲音的路徑。這件作品透過改變金屬鈕扣的連結方式，產生各種頻率的聲音，雖然不是什麼美妙的旋律，但是通常小朋友會在這種充滿可能性作品中玩得不亦樂乎，因為那種動用肢體自行操作的樂趣是視覺刺激很難取代的啊！

已經擁有足夠字彙的小孩，若能試圖描寫這些奇妙的感官經驗，那麼，這種工作可以轉化他們活生生的體驗，成為可以回味的，可以事後討論的記憶。我的女兒在小學中年級階段時，其識字能力大大提升，她們已經可以

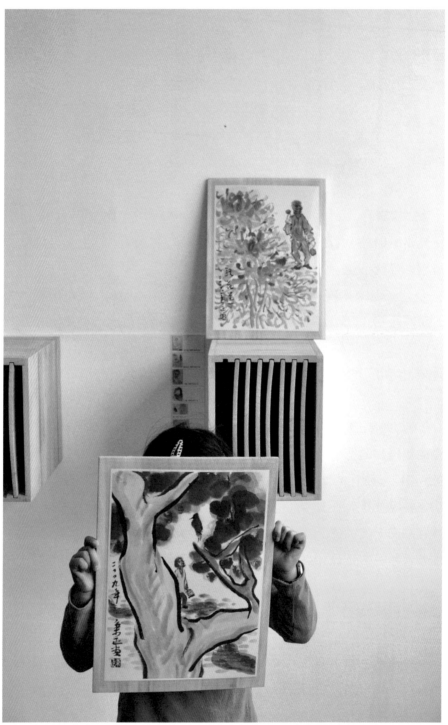

讓觀眾自由抽取欣賞，是藝術家特殊的設計。（「張秉正個展」，台中苡樂藝術空間）

yoyo 正在玩藝術家曾偉豪「延聲」作品。　　　yoyo 在現場將喜歡的作品畫在筆記中。（「Tony
　　　　　　　　　　　　　　　　　　　　　　Cragg 回顧展」，台中國美館）

自行看展覽 DM 的介紹，也會在展場中注意作品的名稱與創作者自述。於
是，我開始讓八歲的她們和當年見到法國孩子看展一樣，拿著筆記本及筆，
在展場中畫下或寫下感興趣的作品。

　　看展過程中，要特別注意孩子的精神狀況，考慮孩子的專注力時間、體力
及腳力，別花窘長的時間企圖用藝術大餐填飽孩子，這樣反而會適得其反，
造成反效果的。

看完展覽後，需要再做些什麼？

　　日後，如果孩子感興趣，可以用日常的話語繼續討論下去。在閱讀選項中
加入相關的書籍，甚至寫寫日記，或鼓勵孩子用類似的方法動手做看看，以
後再遇上這個藝術家展覽時，可以問問孩子要不要去看藝術家叔叔阿姨的
作品。

　　如果孩子真的了無興趣，那就隔一陣子吧！等到更有趣的展覽來臨時，再
詢問孩子的意願，在這種感性的教育上我們盡量不要強求孩子做不感興趣
的事，那只是阻擋／降低他對藝術的接受度。

前往 ➜ 痕跡本 p41

展覽DM
還可以用來做什麼？

ZOZO模仿藝術家方偉文的作品（絕對空間，台南）。

你是不是也拿過展覽的DM？
將最喜歡的作品剪下來，貼在痕跡本上。

你還可以剪下作品介紹文字，
也可以塗鴉！模仿藝術家的作品喔！

兼具休閒又藝文的台北四四南村

　　台北信義區的「四四南村」位於車水馬龍的市中心，是鬧中取靜之處，這兒原是老舊眷村，原先民舍拆除後後，僅留下四棟眷村房舍以作保留眷村文化之用，經重新整地規劃後成為「信義公民會館」，其中特展館有不定期的展覽活動。

　　園區內的「好，丘」貝果餐廳其貝果口感特別、口味創新，常常吸引許多美食饕客前來這兒用餐、買貝果，使得園區內人潮總是絡繹不絕。假日時，中央廣場還有 Simple Market 簡單市集，非常適合全家人一起同行。

台北四四南村

🏠 台北市信義區松勤街 50 號　📞 02-2723-7937（信義公民會館）　🕐 週二～週日 09:00-16：00，週一休館　💲 免費（請以現場公告為準）　❗ 可搭乘公車至四四南村，極為方便。1. 搭乘 202、207、647、650、信義幹線於信義行政中心站即可到達信義公民會館。2. 搭乘 1、22、226、265、266、288、33、37、38、藍 5 至景新里站即可到達信義公民會館。3. 搭乘 20、292、33、37、38 至信義光復路口站即可到達信義公民會館。

交換住宿，主人還是客人？

家是一個人的內心狀態，
所有關於主人的個性、喜好與品味，
都在這個空間裡不遮掩地展露一切。
若是踏入這個私領域，
請領取「禮節」與「尊重隱私」的門票，
確確實實地尊重主人生活中的內心狀態。

有一種外出旅行是具有「家」的感覺，那就是「住在別人家」，實地感受另一個家的核心氣氛。帶著感情、帶著小禮物，在這個即將夜宿的家與主人談天說地、情感交流。不管提供我們住宿的是親人、朋友或是輕熟的初識朋友，我們都得感謝他給了我們如自家窩的溫暖。

如果「外宿別人家」計畫是由小孩獨自完成，那麼，小小孩可能會哭鬧著說想念爸爸媽媽；而大孩子則可能會滿心期待這一段專屬孩童的套裝行程。女兒第一次住在別人家是五歲八個月，那時費了一番功夫才說服成功，讓那愛家、黏爸爸媽媽的左右姊妹住在外婆家。當時的動機只是想讓女兒試著學習可以獨立睡在別人家，可以自己洗澡、盥洗、夜晚安撫自己慢慢睡去，並且學習外宿時應注意的生活禮節以及對主人適度的回饋。

簡單的家事互動是最好的回報

居住他人家需要注意什麼生活禮節呢？

我告訴女兒不能隨便開啟別人家的冰箱、櫃子、抽屜、書本，進入別人的房間前要先敲敲門，進入房內更是嚴禁跳上別人的床，這些基本的禮貌是孩子得做到的，我告訴女兒這是關乎「禮節」與「隱私」，必須確確實實地尊重主人原本的生活。

我還要求女兒住在別人家必須協助主人完成三件家事，因為我們的拜訪，親友一定費心準備，簡單的家事互動是孩子付出回報最好的方式。雖然知道住在親友家無須如此拘謹，但我仍希望左右姊妹能養成即便再怎麼親密的親友，還是得以幫忙家務來和主人家互動，就算是背包客，也會以勞動來換取住宿的機會。所以，每一次她們外宿回家後，都要與我們分享幫了主人家什麼忙？

這次我和好姊妹——娟，擬定好計畫，要讓 zozo、yoyo 與乾女兒彤彤、

杉杉四人交換住宿，zoyo 先入住乾媽家，之後乾女兒再住左右家。娟對左右姊妹總是過度疼愛，行前我還特別交代她，一定要讓姊妹倆做三件家事，而她們也和我達成默契，她們知道能完成三件家事，就能證明自己在外表現良好、獨立滿分。

入住乾媽家真是一件樂開懷的行程，乾媽準備孩子們愛吃的點心，四個女孩像是參加派對一樣甜甜蜜蜜，乾爹陪四個女孩玩「摸鼻子」桌上遊戲，玩過幾輪也不煩膩，在別人家所用、所食、所玩都和家裡的不一樣，都是充滿愉快與新鮮感的。

隔天，當我去接 zoyo 時，她們還在和乾姐姐與乾爹大玩桌上遊戲，愉快的笑聲就像是從前一晚到現在都沒有中斷過似的，小時候因為思念爸爸媽媽而飛奔至我們懷裡的感人橋段也沒有重現。我問左右姊妹有沒有幫忙乾媽做點家事？她們看看乾媽，都還來不及回答，娟馬上就幫乾女兒背書：「有啊！她們有幫忙拿東西喔！還有幫忙把菜吃光光。」雖然聽起來很牽強，但娟滿臉笑容，可以想像女兒在這個週末帶給這個小家庭的快樂很飽和，即便調皮小搗蛋，也能讓笑容收集盒裝得鼓鼓的。

事後，我請娟寫一封短信給左右姊妹，作為此次住在乾媽家的紀錄。看著娟充滿疼愛的隻字片語，心裡不禁暖和了起來。

親愛的左左、右右：
和媽媽相識於國小時期，延續至今的情誼，我成為了妳們的乾媽。
一直以來，我們沒有緊密見面的相處，不過每回的相聚見面，左、右總是以極大的熱情、極重的情感回饋于我，謝謝我的左、右。
然後，面對孩子氣重的乾爹，左、右也總是很捧場的跟著玩鬧，也謝謝妳們。
知道媽媽安排夜宿的活動後，我便開始在腦中不斷計畫著，但最後證明計畫

是多餘的，親密家人的相處是自然且自在的，二天一夜的時間裡，我們一起吃著、玩著、笑著、說著。妳們開心嗎？謝謝妳們帶來的歡樂，謝謝妳們帶來的情感。下次、下下次……很多次，我們要再創造許多許多的回憶！

妳們的乾媽 二○一四

讓客人感到舒適的待客之道

　　兩週後，換乾女兒形形、杉杉來我們家過夜，身為主人的我們開始清潔房子，計畫活動、準備招待小客人，zozo、yoyo 負責整理自己的房間，媽媽負責拖地、清理洗手間，爸爸把客廳整理乾淨，我說：「我們要讓客人來家裡住得舒服。」兩人看見媽媽把家裡整理得乾乾淨淨，把姐姐們要蓋的棉被洗香香，她們也跟著思考，如何讓客人舒服，於是主動備了茶水在房間，把姐姐們睡的床整理得可愛溫馨。她們耳濡目染，知道要以客為尊，讓客人感到舒適是很重要的待客之道。

　　我依稀記得 zoyo 小時候到好友 PJ 家過夜時，當時大她們六歲的凡凡姊姊大方分享她的玩偶，她排列全部的玩偶在床邊，告訴兩個妹妹說：「今天晚上，我的玩偶陪妳們睡覺。」那一幕，真讓我感動，那是最真誠的情感。

　　客人來了！帶著「歡樂」的禮盒來了！形形、杉杉真是個乖巧的女孩，一度讓我幻覺即使生四個女孩好像也可以得心應手，我當然明白，娟在女兒出門前，一定也是千交代、萬交代，要以主人家為主。我想，這一次的交換住宿，對孩子來說都是一門拜訪親友的禮儀課程，四個女兒都表現良好，可以蓋上「好棒」章，而且獲得永久住宿的福利一直持續生效中。

　　這一次交換住宿，我和娟得到一個心得，我們並不擔憂乖巧的女兒外宿別人家表現不好，反倒是有另一種尷尬的擔憂，那就是：我們都好擔心，真誠待人的女兒不知有沒有在別人家，透露出自家尷尬的小祕密啊？

前往 ➜ 痕跡本 p42

你今天住在別人家,有沒有幫忙做家事呢?有沒有表現得很好呢?
如果你對自己有信心,可以請主人領一張獎狀給你喔!
試試看!自己設計獎狀,別忘了在獎狀裡畫上自畫像。
最後再請主人為你簽名喔!

今天,我住在 乾媽 家,
這幾天我在這裡最喜歡的一件事是:
和姐姐們一起睡覺

我很棒喔!我做了三件事:
1. 摺好被子
2. 擦掉滴在桌上的果汁
3. 把乾媽煮的菜吃光光

zoyo 自製的好客人獎狀。

招待客人的嘉義新港客廳

　　嘉義「新港客廳」位於新港奉天宮商圈周邊，主建築是台糖日式老宿舍，經由維修、閒置空間再利用後作為招待客人的餐廳，由於為政府多元就業方案計畫，所以由幾位中高齡媽媽共同管理掌廚，其餐點健康美味，真的有「媽媽的味道」。店內也販售新港伴手禮及文創商品，定期也有「新港文教基金會」辦理的課程與講座。

嘉義新港客廳

🏠 嘉義縣新港鄉中正路 2 號（鐵路公園旁）　📞 05-374-8472　🔗 https://www.facebook.com/hkfcecf　🕐 週一～週日 11:00-14:00、17:30-21:00　❗ 開車：國道一號→【新港‧北港交流道（264 公里處）】下→沿 159 號公路（北港路），往新港方向→走至新港鄉中山路【鐵路公園】左轉→目的地位於中正路口。公車：【嘉義→北港】公車，至【新港鄉公所】站下車→往前走至新中山路【鐵路公園】左轉→目的地位於中正路口

週三下午的咖啡館之約

一張心怡的名片，
留在身邊扣住當時的燈光，
扣住那時的一壺茶、一杯咖啡、一段文字，
還有，與孩子共吃蛋糕的甜蜜滋味、
共讀一本書的絲絲喜悅。

週三下午對大部分的小學生來說，應該是個可以蓋上「開心」認證標章的日子，這固定讀半天課的日子，可是小學生的小週末，尤其對已經有很多全天課的中、高年級的孩子來說，這是多麼珍貴的一天！

我一直沒讓女兒上安親班，這幾年來放學後，她們就是直接回家，自己寫功課或和爸爸媽媽在家裡自由地安排家庭活動，因為我覺得孩子在小學階段，多一點自由的時光是很重要的，童年是如此地珍貴，我實在不願意讓女兒縮減太多的快樂時光，那該是她們應有的自由福利。

在疲憊的身軀裡按下「舒服 SPA」鍵

週三是個小小確幸的日子，早晨的四堂課一下子就把沉重的學習塞進了書包，空場的下午沒有課、沒有鐘聲，這個小週末該去哪兒？我們幸運自己的工作時間彈性，於是將週三訂為「Family Day」。這一天，所有的忙碌都要暫時打包入庫，不能跟在身邊擾亂親子時光，必須要全心全意地陪伴孩子。我們習慣在這段時間安排一段小小的散步行程，散步前則是各取所需的咖啡館時刻。

咖啡館可以為成人製造約會的氣氛，為成人忙碌的步調標立一個「逗點」，在疲憊的身軀裡按下「舒服 SPA」鍵。孩子在咖啡館可以做些什麼呢？可以畫一幅畫、看一本書，或是寫功課，平靜的氣氛讓孩子能進行一些靜態的活動。

生育孩子之前，我和先生喜歡逗留在安靜的咖啡館，坐下來喝杯咖啡、聽聽主人精挑細選的音樂、閱讀自己近日所嗑讀的書，這種帶有文藝的氣氛常常是我們生活中重要的調劑，它讓我們在某些時候身心是平衡、充實的，夫妻倆也因為這平靜的約會而感覺彼此更親近。生了孩子之後，這種無上限耗在咖啡館，看書、啜飲咖啡的機會越來越稀少，尤其育兒的前幾年幾乎是歸零的，因為在公德心的驅使下，幼兒與咖啡館幾乎是無法相容的。

咖啡館可以為成人製造約會的氣氛，為成人忙碌的步調標立一個「逗點」。

當孩子學會安排功課後，就可以用「陪伴」的方式和孩子寫功課。

那幾年，為了讓自己身心平衡，我得自己想辦法找調劑，像是在自家的餐桌上模擬過去逗留的咖啡香。

孩子在咖啡館可以做些什麼？

帶養孩子總會慢慢磨練出「出運了」的漂亮成績，當女兒上了小學後，我自信她們已培養出完整的餐桌禮儀，她們靜下心來的穩定功力比起小時候可以撐上三、四個小時；甚至我可以確認，偶爾改變寫功課的場所是有助於她們書寫的速度（有些孩子反而容易分心）。於是，我們開始了週三下午的咖啡館之約，讓單身時期的興趣東山再起，這其中最歡愉的應該就是停擺多年喜歡耗咖啡館的我了！

常常有人問？我們要盯著孩子寫功課嗎？在我的作法裡，當孩子學會安排功課的訓練後，就可以用「陪伴」的方式和孩子寫功課，所謂「陪伴」就是當孩子寫功課時，我也在做類似平靜的事，像是拿著一本書，在一旁閱讀，或是專注自己手邊正忙碌的工作，我的安靜能讓孩子安靜，我的穩定常常也會潛移默化，影響著孩子，我不做「盯視」的緊張監督，只有在她們完成功課後，讓我確認簽名即可，當然，孩子如果求助於我的教導，這是十分樂意的。

左右姊妹長大後，大概也會喜歡窩在咖啡館裡找尋她書裡的世界。

在咖啡館的我們也是如此！不做盯視功課的事，只有在孩子分心時，提醒她們回過神，難得在咖啡館應該多感受放鬆的氣氛。我總是點了一份女兒愛吃的三明治或鬆餅讓她們享用，在學校已經吃過午餐後的她們，在咖啡館裡依舊貪婪著美食，肚子不墊一點食物，好像很難下筆，而我和先生則開始久違的安靜時光。哇！多美好的時刻！即使知道仍舊無法像單身時期那樣安靜自在無牽掛，但已經是相當奢侈可貴了。

我刻意讓自己在婚後，依舊保有單身時期的興趣，閱讀、旅行、寫作、窩咖啡館都是，不因孩子出生而完全放棄自己原有的喜愛，我可以調整，但不會漠視自己的興趣，因為保有自我是讓具有「母職」工作的我們，不致在無限貢獻、投入完整的愛的多年以後，佇立在原點，找尋不到最核心的自己、聆聽不到自己內心的聲音，而因此在人生旅途中失去了方向。對我來說，從咖啡館的一杯咖啡開始，就是一個保有自己的儲存鍵。

我想，左右姊妹長大後，大概也會和爸爸媽媽一樣，喜歡窩在咖啡館裡找尋她書裡的世界，而當她們成為母親後，我依舊會邀約著她們到咖啡館，和她們一起心情交流，儲存各自起伏的人生故事。

前往 ➜ 痕跡本 p44

名片也可以用來畫畫?!

　　若遇上喜歡的咖啡館時,離去時,我總是習慣帶走一張它的名片,當作是蒞臨此處的證明。我習慣拿來夾在書中,當作是書籤,女兒也模仿了我,在他們的書裡也可以找到咖啡館的名片。

　　若仔細看看,名片裡有許多祕密,一張有設計感的名片,暗藏了主人對自己(或自家小舖)的期許,名片上留了什麼資訊呢?什麼色彩?什麼字眼?或是特別的符號?

我們可以將這些店家的名片貼在筆記裡,然後依著名片的圖樣與內容,做一些延伸的創意畫喔。

人比咖啡濃醇的台南寮國咖啡

　　台南這個巷弄也美麗的城市，並不是那麼在意三角窗、精華地帶的商業手法，有的時候，看見一些特殊的店家窩藏在小巷裡，就百思不解這會有人發現它的存在嗎？巷弄中有些人老馬識途地穿梭其中，有些初次來到此地，像是棋子被困在迷陣中，如果夠聰明，跟著前方腳步穩定的人，就會發現驚奇。

　　那天我坐在「寮國咖啡」的凳子上，陽光透進小巷中，遠遠的，許多人從巷口拐進了小巷中，我才感受到，不管在那兒，好的地方就是會有人發現它的存在。

　　「寮國咖啡」在吳園（公會堂）旁的小巷裡（古牆那一頭），是一對夫妻經營，他們夫妻倆煮咖啡像是在做作品，也像是在交朋友。

　　有一回，我看見老闆花了數十分鐘跟一位大學生解釋豆子與烘焙；

　　有一回，我想去買咖啡，他說我們休息了；

　　有一回，我說不是到六點鐘，怎麼五點就要休息了？她回答：「搞不好以後四點就想休息」；

　　有一回，我確認已經過了他們五、六點下班的時間，所以洩氣地離去，然後在十字路口，聽到他們坐在摩托車上對著我們大喊：「左左、右右」；

　　有一回，她要我喝微糖的拿鐵，因為她怕我無法接受他們重烘焙又無糖的拿鐵咖啡；

　　有一回，zoyo 揹著都蘭國小的書包，她卻說：「應該要揹寮國國小的啊！」；

有一回，我叫老闆是寮國的校長，他說他要當寮國的村長；

有一回，老闆娘要我以後改喝黑咖啡，因為比較健康；

有一回，……

好多的對話總是如此親切，濃濃的人情味這樣迷倒了我們。

一位大伯騎著摩托車噗噗噗而來，來到寮國咖啡停下車，隨意地將安全帽掛著，他的行徑就像是要騎著摩托車去買便當那樣隨性，然後他點了一杯咖啡，而且不是用外帶杯，是用馬克杯裝著寮國的咖啡，因為沒座位，所以靠著牆邊喝著他的熱咖啡。想必他是個常客，因為老闆娘叫得出他的名。

過一會兒，一個年輕人騎著摩托車而來，同樣點一杯咖啡，同樣是熟客，同樣用馬克杯喝他的最愛，然後站著啜飲咖啡。此時，這拿著馬克杯站著喝咖啡成了一種有趣的畫面，我想，寮國咖啡已經融入某些台南人的生活裡。

寮國咖啡應該是我最常光顧的咖啡館，但它沒有一般咖啡館明亮的空間，一旁的小空間僅有幾張桌椅，我最喜歡的是坐在巷子邊擺的長凳上，這種看起來很像在自己家附近的巷子深處，又熟悉又陌生，很特別。

也因為這樣簡單的空間，它成為我和左右姊妹在週三下午最常去的咖啡館（就是為了去買一杯寮國大哥煮的咖啡），但不會在現場做功課的咖啡館。

寮國咖啡

🏠 台南市中山路 79 巷 60 號　📞 06-222-5358　🕐 週一～週六 09:00-17:00，週日公休

在自己房間裡旅行

拜訪世界各地是一種旅行，
遊走各縣市鄉鎮也是一種旅行，
流連忘返於小地方也是一種旅行。

旅行中，仰賴著一顆欣賞環境的心，用自己的雙眼搜尋新奇點，對於眼前所見所聞感到好奇。我們能否控制自己的感官？讓已熟悉的環境有如旅行中相遇的陌生之處，所帶來的不同刺激而翻騰內心感受？我想，最直接的方法就是離開熟悉的地方，將自己暫時放逐於他地，將舊感覺重新更新、格式化，感覺系統一切重來。你一定有這樣的經驗，當你離開家中多日後，再度回到家，眼前家中的樣子突然有那麼一點點陌生感，雖然很快地又抓回幾分熟悉，但不免比較了幾天前居住的旅館或住所，那和自宅的裝潢與氣氛到底相差在何處？

我讓女兒閉上雙眼，讓她們走進熟悉的房間，少去視覺的輔助，她們得用觸摸的方式感覺房間。可以預見的，她們會依照自己先前的記憶與經驗，腦中按圖索驥地在房間裡確認每個角落，但難免遺漏了一些小地方，就像是我們在旅行中走馬看花，自動捨去許多忽略的景色。而且即便再怎樣熟悉，閉上雙眼時，我們依舊會步步為營，小心翼翼、靠著雙手碰觸物件來確定身在何處。

當我們透過觸覺來摸索辨認時，此時在觸覺的世界中，什麼物件都是新奇的，也許在此刻才得以真正感覺到，原來玩具櫃摸起來是這樣帶有紋路的平滑；書桌摸起來是並非完全光滑；牆面摸起來是如此冰冰冷冷，帶有粒子的觸感；我的玩偶一摸就有毛茸茸的感覺啊！

請問你對自己的房間瞭解嗎？

我說了一個在房間裡小旅行的故事給女兒聽。

《在自己房間裡的旅行》的作者薩米耶‧德梅斯特，在一七九〇年因為一場決鬥被罰關禁在家中四十二天，他決定這關緊閉的四十二天，以「在自己的房間裡旅行」的心情度日，他每天寫一篇文章，最後完成了《在自己房

間裡的旅行》一書，當四十二天的處罰結束後，他甚至對於外面的世界感到害怕，覺得再度自由是另一種處罰。

薩米耶‧德梅斯特的房有多大呢？貼著牆繞一圈僅需三十六步的房間如何用四十二天來完成？也許得用一個刻意緩慢的身軀與心靈機制來克服。

在房間旅行的這段期間，薩米耶‧德梅斯特感性加倍，以緩慢不侷促的步調在自己的房裡摸索，由於時間感覺漫長，他便花費大量時間重新認識自己的房間、仔仔細細地認識自我，旅行中的他滯留在書桌的時間最長，閱讀書籍與書信、欣賞雕塑與牆上的畫作，並且發表意見、認真地描述自己的男女情感、對父親的想念、與寵物小狗之間的感情以及與僕人之間的對話，在這樣一個空間裡，文字、思緒布滿整間房，是一段具有深度與廣度的旅行。

我沒有要女兒關在自己的房裡，只要她們閉上眼感覺自己的房間。我輕輕地率著閉上眼睛的左右姊妹，輪流問她們：「請問妳對自己的房間瞭解嗎？」她們點點頭，有一種「這還用問！」的自信。然後我說：「那麼，請妳從這走到妳的床上躺著。」zozo 接受這個題目，緩緩的，慢慢的，腦中像是電腦定位系統一樣，不斷地確認方位，顯然她想像的位置與真實的位置有一點點誤差，她想踏上床邊的小階梯，卻怎樣也碰不到階梯，腳掌在半空中猶疑地畫圈圈，碰不著就是碰不著，我和 yoyo 像個局外人，在一旁捧腹大笑不已。

下次可以玩我們家整棟樓嗎？

我出了另一個題目給矇眼的 yoyo：「請妳走到妳的書桌區，然後坐下來。」yoyo 走得戰戰兢兢，深怕會撞到自己預想的障礙，就在爬的、摸的、螃蟹走路的方式後，她終於找到自己書桌的位置，安心地坐下來。接著我又出了「到書區找出妳的藍色撲滿」、「找出妳的櫃子裡有一輛小時候外

公送的計程車玩具」……，這原是視覺記憶的物品，如今卻要用雙手來確認。她們就靠著自己的記憶與觸覺的引導，找出媽媽出題的目標。接著，兩姊妹也出題考媽媽，也學著我問：「請問，妳對 zozo、yoyo 的房間瞭解嗎？」我自信地說：「那當然！比妳們都還瞭解。」她們調皮地說：「那麼，請妳走到廁所裡，然後坐在馬桶上。」孩子，妳們學得還真快，一下子就知道如何對考生惡作劇，而且顯然這題目有點離題了。

　　兩人越玩越起勁，頻頻要媽媽出題目，我就故意牽著她們轉三圈，當方向感大錯亂後再出題目，這樣矇眼找熟悉之物的遊戲，頗受左右姊妹青睞，她們央求著：「媽媽，下次可以玩我們家整棟樓嗎？」看樣子，在家裡矇眼旅行也能讓遊客流連忘返，而且願意舊地重遊呢！

在家裡矇眼旅行也能讓遊客流連忘返。

前往 ➜ 痕跡本 p45

zoyo 找出原以為永遠找不到的小東西。

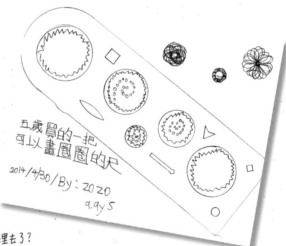

找很久的小鈕釦✗跑到哪裡去了？
我的髮夾怎麼不見了？
不理它，幾天後又會自動出現。
看看房間的小角落、小抽屜，是否能找到，
並且把它貼在這裡，或是把輪廓描下來吧！

房間裡的迷路
小東西

全家睡在榻榻米的花蓮光復糖廠日式木屋

花蓮糖廠的日式宿舍群是日治時期建造，已經有近八十年歷史，現在整修作為旅館的日式木構造宿舍則是建於民國二十五年，那時是員工宿舍。這些整修的日式房屋真的是原汁原味，經過整修後，非常地舒適，整個屋子飄散著木頭香味。

我喜歡日本房子的小玄關，可以過渡從外至內的心情；我喜歡那種家人窩在客廳，喝茶互相取暖的「座敷」型態；我喜歡通舖的感覺，全家人睡在一起，可以熱情地滾來滾去；我喜歡室內空間突然有小走廊的「悠長」短距離；我還喜歡日式房屋的前院與後院，似乎可以感覺到夏風吹來與蟬鳴帶來的夏意。不過，我可能無法喜歡日式房屋沒有顧及所有人的個人空間設計。

這個日本房子太有味道，入住的這一天，我們一直窩在房子裡不想出門，左右女孩一直熱衷玩著小叮噹躲起來的遊戲，說要睡在上下床，那可是置放棉被的「押入」，而非上下床啊。

這個晚上，我們全家人輪流在檜木桶裡泡澡，熱呼呼的，很舒服！睡前把棉被、床墊鋪滿，那種舒適的感覺就湧上來，我請 zoyo 先睡，於是拉起了障子門，我以為紙糊的和室門可能會太透光，沒想到它能阻擋一些光源，昏昏暗暗的，有幫助睡眠的效果呢！

左右女孩的確很快就入睡了，花蓮的夜晚很安靜，我想八十年前，這兒也是這樣的寧靜。

花蓮觀光糖廠

⌂ 花蓮縣光復鄉大進村糖廠街 19 號（台 9 線 251.4 公里處）　☎ 03-870-4125#200（客服）、03-870-5881（訂房）　🖉 http://www.hualiensugar.com.tw/　🕐 觀光糖廠園區為開放式空間，全年開放。商店街營業時間為 09:00-18:00，冰品販賣時間為：08:00-20:00（七、八月份 08:00-21:00），創意工坊參觀時間為 08:00-21:00。

都市的建築，
讓我為你取個名

我做了一個夢，
夢見你為我擋住風，
巨大雄偉的你好幾層，
我感謝地大喊，「高樓大廈，你叫什麼名？」
你安靜不出聲，
不搖頭不點頭，任我一人孤單等，
不管，不管，就讓我為你取個名。

小的時候，我喜歡為班上同學取綽號，但我總是很小心，避免不雅的名字冠在別人身上，因為覺得那太惡作劇了。出了社會，我依舊愛取綽號，喜歡為同事朋友取一個專屬的名字，這些朋友我總是特別記得牢，和他們也比較親近，好像彼此之間有許多共同的故事與祕密，並且帶有濃烈的革命情感。

當了媽媽之後，調皮的我也幫女兒取綽號，不同時期、不同事件都有許多可愛的綽號出現，有時依據這些別號我還能判斷大概是什麼時期所發生的趣事呢！女兒覺得媽媽什麼事都可以變得有創意又好玩，於是，也學我幫自己的玩偶娃娃取名字，腦海裡累積數十個可愛名字也不會忘記，她們甚至也幫自己取別號，而且希望我們這樣叫她，像是 zozo 叫「小毛球」，yoyo 叫「小圓球」。

ㄛ著大嘴的大東底迪

取綽號就像是文字記憶法，被標示過的總是記憶深刻，尤其以外觀作圖像式想像，更是讓人印象深刻。我帶女兒走在街頭，有時想告訴她們遠方某一棟建築物時，卻一時也喊不出名，只好索性地依照外觀為這些建築取綽號。沒想到，幫建築取綽號就像是幫人們取綽號一樣，容易記憶，也容易產生共鳴，只要被我們賦予新名字的建築物，女兒一下子就記住了。

台南東區的大東門古蹟，又稱為東安門、迎春門，在清朝雍正三年（一七二五年），台灣府建城時，第一座動工興建的城門就是大東門。如果從外地來到台南市區，下仁德交流道後，走東門路就會遇上這個保存良好的三級古蹟。

幾回到台南，遠遠地就看到大東門在迎賓，看著看著，似乎有了感情，我告訴女兒，說大東門就像是一個可愛的小男孩，經常處於驚嚇的狀態，遠

台南大東門就像是眼睛圓滾滾的、受到驚嚇的小男孩。

遠地看，二樓兩個八角窗像是兩顆圓滾滾的眼睛，長長的門像是ㄛ著大嘴，它好像對著我們說：「ㄛ！你們又來了。」這個被我們擬人化的大東門，越看越可愛，驚嚇的模樣很有戲份！我們總是稱呼這個驚嚇過度的小男孩為「大東弟弟」。每回到台南市區，zoyo 就會和「大東弟弟」招招手，口中附有韻律地說：「大東一底迪，大東一底迪」，這三級古蹟成了驚嚇過度的小弟，內心還真是過意不去，不過親切感可是倍增。

孩子想像力下的不知名大樓

高雄市區有幾棟大樓總是讓我這道地高雄人喊不出名，有時要指著它們告訴女兒，一時還真難說出它們的名字，於是，我幫這些建築物取了很多可愛的名字，讓年紀尚小的女兒對這些大樓多一分喜愛。若從真愛碼頭觀望，可以看見摩天大樓林立的都市景觀，這些建築物排排站，像是尖尖的八五大樓被我們稱為「火箭大樓」；火箭大樓旁兩棟鏡面會因為西曬而反光的大樓被我們稱為「鏡子大樓」，我們還會幻想哪個大怪獸可以來照這兩片鏡子；鏡子大樓旁的粉色的漢神百貨大樓被我們叫為「蛋糕大樓」；愛河邊還有兩棟並列的雙子星大樓（夢萊茵大廈），因為外型像是鉛筆，所以被我們稱為「鉛筆大樓」，這些大樓的「別號」都是我們從外觀來取名的，在

zozo、yoyo 小的時候我們就這樣稱呼它們，小小年紀的 zoyo 很有想像力，一下子就能明白媽媽為何這樣取。

　　高雄的大樓持續增加中，像是前鎮區的中鋼總部大樓，由姚仁喜建築師所設計，外露的鋼骨、簡約的幾何線條設計，讓許多人有很多想像，我們覺得它像是鐵盒子的外殼裂開了。而在屏東的六堆客家文化園區內，其斗笠傘架聚落區的外觀就像是多頂斗笠，建築師的設計理念就是「為大地打傘遮蔭」，每回來到這裡，遠遠地就可以看見兩頂斗笠，是這兒最佳地標。我還告訴女兒，在德國法蘭克福有一個現代藝術美術館，外型像是切片的三角形蛋糕，所以大家稱它是「蛋糕切片」美術館。這些建築物都有其特殊的外觀，小孩是有想像力的，一定很容易就能透過外型及可愛綽號而記住這些建築物。

何不試著自己設計建築物！

　　看多了風格獨特的建築物，左右姊妹應該也能體認建築有許多可能性，我在網路上搜尋世界各國設計獨特的建築給她們看，她們露出驚訝的表情，不可置信這樣破除刻板印象的建築如何建造？我鼓勵兩人試著自行設

屏東的六堆客家文化園區內，其斗笠傘架聚落區的外觀就像是多頂斗笠

前往 ➜ 痕跡本 p46

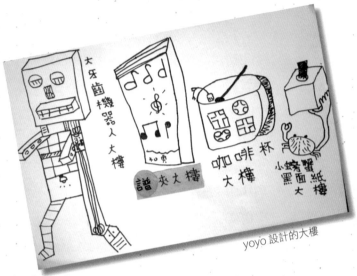

yoyo 設計的大樓

設計專屬自己的大樓

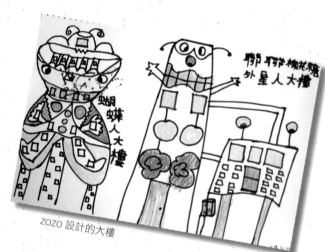

ZOZO 設計的大樓

試著設計幾棟大樓，
並為它們取一個動聽的名字。

計建築物，遵循安全模式也行、天馬行空也可以。她們蠢蠢欲動，於是在畫冊裡畫下大樓，並為它們取了個可愛名。zozo 的「蝴蝶人大樓」長得就像是一隻蝴蝶、還有兩棟互連的「聯聯棉花糖外星人大樓」；yoyo 設計的「大牙齒機器人大樓」有著長長的電梯、「譜夾大樓」應該是個音樂大樓吧？！還有「咖啡杯大樓」、「小螃蟹黑面紙大樓」，這些都是依照外型取名字。看到這些女兒畫下造形怪異的大樓時，我就知道女兒明白，建築風格有許多可能性，而且外型奇特一定能頗受討論。

你也和孩子在城市裡欣賞都市景觀，仰頭看看大樓，並為它們取一個專屬你們獨享的名字吧！

景點

警察騎著馬巡邏的
高雄騎警隊

高雄觀光騎警隊假日期間於高雄幾個著名景點定點巡邏，像是中央公園、衛武營、高雄美術館、金獅湖、農十六、駁二、蓮池潭、澄清湖、愛河等地，可以上網查詢巡邏地點與時間點，帶著孩子與騎警及馬兒近距離互動，孩子看見馬兒在路上行走時，大都會感到驚訝與好奇，同時會帶有一些害怕。當騎警騎著馬雄赳赳、氣昂昂的出現在你們面前時，別忘了和馬兒及騎警一起拍照喔！

高雄市政府警察局觀光騎警隊

🔗 https://www.facebook.com/kcpdmpu 🕐 執勤時間每週都會公布於臉書專版上 ❗ 執勤地點有中央公園、衛武營、澄清湖、金獅湖、農十六、愛河（駁二）、蓮池潭、美術館等地；另外還有專案活動勤務也會公布在版上。

來去逛小學

你的小學是個什麼樣子的小學呢？
那陪著你長大、度過童年的學校，
必定是一所他校無法取代的夢想學校。

每個人對自己的小學一定有特別深刻的印象，因為那是整個童年時期的重心，小學老師的親切笑容、同學的耍寶模樣、教室裡自然產生的班級笑話，校園各個角落遊戲的影子以及一傳十、十傳百的繞口令與鬼故事，慢慢想來，總是歡樂多於悲傷。

小學校園是個小型的遊樂場所，這個空間絕對專為孩童設計，設立點以孩子為主角，盡可能友善孩子的需求，不管是新穎的學校或是年老的學校，只要從小地方觀察，就能看到學校對孩子的體貼。

帶著孩子掉入自己的童年回憶裡

我喜愛觀察小學校園，如果它讓孩子喜歡，讓孩子安全，甚至讓大人們容易掉入回憶裡，沉醉在自己幼小時期，那麼，它就是一所孩子心中完美的學校。兒童讀本《找不到國小》裡，作者把小朋友幻想的校園，天馬行空地寫在書中，這所名為「找不到」的小學，由於位於山城，終年雲霧繚繞，所以不易被找到，而稱之為「找不到國小」。這學校學生上學不是坐校車，而是坐木桶划水而來；摩天輪圖書館有獨立包廂設備，讓孩子們都願意待在圖書館車廂內、還有超長的海浪滑梯、設立六個停靠站，小朋友隨時可以選擇停靠的交流道……，這些現實生活中達成度較低的校園設施，恐怕是所有孩子的夢想校園。

旅行中，我常常刻意安排和孩子一起逛小學校園，因為我知道，不需要太豪華的設計，幾樣簡簡單單的遊樂器材，就能滿足孩子，女兒說，逛小學是「熱」的行程，是具有加分效果的行程。因為在校園裡就像是在自己的學校一樣，不但有親近感還可以自然地放鬆心情。

友善的校園影響孩子的心

高雄甲仙國小內，有一個小小的圖書館——「好鄰居圖書館」，那是社區

台南菁寮國小有許多迷人的老建築。

7-ELEVEn 與甲仙地區國中小共同為孩子努力的成果。二〇〇九年的八八風災、二〇一〇年的甲仙大地震，讓甲仙地區墜入沉痛的低潮中，當時為鼓舞當地居民，掃去低迷氣氛，甲仙地區的 7-ELEVEn 以勵學集點方式，鼓勵孩子重拾學習動機，而這圖書館透過多方單位的支援與捐贈，成為了甲仙地區了孩子們閱讀的寶貴基地。

台南後壁鄉菁寮村的有一所百年老學校──菁寮國小，在校園的網站上寫著，菁寮國小是在民國前一年（一九一一年）建立，當時男生一百一十六名、女生九名，共有一百二十五名，首任校長是日本福岡縣人谷義廉，那時稱為「菁寮公學校」。老校園內有許多迷人的老建築，彩度柔和的藍白色中正堂，有一種老智者的溫和氣質，它是當時菁寮公學校的禮堂，雖是戰後時期建造的（一九五一年），但仍受日治時期所影響，而有日本建築的風格。校園內還有一個日治時期的小小司令台，小巧可愛，和現在台灣校園內的高階司令台相比親切許多！最讓人醉心的是操場邊的桃花心木林，四百株桃花心木排排站列，當樹葉翩翩落下時，那堆疊的枯葉營造出浪漫的情懷。

位於台東的豐源國小，也是一所具有藍白色彩的校園，強烈的地中海式色彩，和菁寮國小的柔和彩度不一樣。豐源國小由台東在地建築師林坤層建築師所設計，這美麗校園真像是夢想中的校園，不管是建築主體或是教室內的設計、走廊、穿堂都是精心規劃，讓人不禁感謝建築師對孩子的貼心

設計。環境能夠改變人的心情、情緒，甚至個性，友善人心的校園也會潛移默化地影響孩子的心，從美好環境著手的教育是值得期待的。

他校無法取代的夢想學校

　　在台東還有一所位於山中的小學校——桃源國小。布農部落裡的桃源國小，小巧可愛，操場只有半圈，四周望去是樹是山，從外觀上很難得知這學校有其驚人之處。那一次，帶著女兒學校的合唱團孩子們來這學校走走，因為在前一天，台東大學內舉辦著全國南區小學同聲合唱比賽，比賽的隊伍包括桃源國小。桃源國小的孩子們天籟般的歌聲獲得了特優，當舉辦單位要頒獎時，發現就居住在台東的桃源國小師生竟然已經離開。隔日，我們來到這學校，巧遇了前一天在台上穿著布農族服裝歌唱的原住民孩子，也才知道原來合唱老師怕孩子孩子肚子餓，所以，帶他們回到部落。我蹲下來看看眼前的小女孩，並對她說：「昨天，你們唱得好棒喔！」她開心地對著我笑，像是獲得一顆「自信」的糖果。

　　位於新竹峨眉湖旁的富興國小也是一所百年學校，校園內的植物生態相當豐富，松樹、第倫桃、南洋杉，還有許多巨大的老樹。操場邊的遊樂設施相當多，一座基座大的滑梯有三道滑梯，孩子們下課溜滑梯一定很過癮。印象最深刻的還有走廊上，有個小小的閱讀區，靠著牆壁，釘一塊木板，一張長板凳，這樣就可以成為一個隨停隨讀的閱讀區。

　　還有許多迷人的小學校園，台南東區的勝利國小與嘉義鹿草國小都有磨石子的大象溜滑梯、台南的孔廟旁的忠義國小禮堂就是古蹟建築武德殿、瑞芳的猴硐國小有座猴子溜滑梯，還有台灣最有名氣的小學——都蘭國小親切感十足……。你的小學又是間什麼樣的學校呢？那陪著你長大、度過童年的學校，必定是一所他校無法取代的夢想學校，下次，回到學校裡，別忘了為它拍下一張迷人的照片。

前往 ➔ 痕跡本 p48

回到學校找回憶

你讀過哪幾所學校，選擇一間，回去看看吧！
然後為它拍張照片 📷 或是跟它合照，貼在這一頁。

那天，我和好姊妹——娟，帶著孩子一起回去我們的母校——高雄「鳳林國小」。畢業這麼多年，我僅回去一次，就是在娟的婚禮宴席上，那天是晚上，我的焦點都是娟，沒有母校。這次不一樣，我很認真地看著我的母校。

我告訴孩子們，我和娟小時候在這老校園發生的事。

「媽媽以前總在這面鏡子前看自己，確定自己有沒有服裝儀容整齊。」

「我曾經在這裡踢壘球，但被另一個女同學的球踢到，然後就昏倒了，幸好保健室就在旁邊呢！」

「那邊以前有一間舊廁所，同學流傳廁所裡有掃把鬼，那支掃把會半夜自己跑到另一間。」

「這裡原有一個司令台，小時候升旗時，我最怕即席演講，好怕導護老師抽到我，這樣就得上台抽題目，練習演講。」……好多好多的回憶湧了上來，一則又一則的故事說不完。

畢業後，你回小學母校了嗎？帶著孩子回去找你的舊時光吧！看看你的教室，然後為學校拍張照片，夾在書裡作紀念。

巨人國裡打筆戰的的台東鉛筆迷宮

在台 11 號公路上的「聖母健康農莊」是個有機菜園，不僅有供餐，用餐環境也很舒適，而且還有販賣有機蔬菜、手工麵包及餅乾，不過最讓孩子開心的，應該是農莊裡的「鉛筆迷宮」。

台東《更生日報》報導著在聖母健康農莊服務的達魯瑪克部落長老孟叔，因為染上吃檳榔的壞習慣，他知道吃檳榔到口腔癌的機率會很高，於是將部落裡的一大片檳榔樹全砍光，將樹幹捐給聖母健康農莊，然後，農莊裡的夥伴再發揮巧思，將這些樹幹製成大人國的的鉛筆迷宮。

zozo 看見這些彩色鉛筆排排站，興奮地和我衝進去走迷宮，迷宮很簡單，很快就能走出來，但我們卻甘願在裡頭逗留，實在是太可愛、有趣了！還有個筆筒，插著長短不一的彩色鉛筆，我和 zozo 大力士把這些筆從筆筒裡拿出來，假裝在打「筆戰」呢！帶孩子去看看放大的鉛筆吧！他們一定會很興奮喔。

台東聖母健康農莊

🏠 台東市知本路二段 370 號（台 11 線 174.4 公里處）📞 089-512-789 🔗 http://www.healthfarm.com.tw/ 🕐 週四～週六 09:00-20:30（營業時間）、11:00-20:00（供餐時間）；週日～週三 09:00-18:00（營業時間）、11:00-17:30（供餐時間）。
❗ 鉛筆迷宮無需門票，可自由參觀。

玩藝 10

不趕路的親子休日：
Selena 的旅行提案 × 手作體驗 × 親子對話

作　　　者—洪淑青 Selena Hung
主　　　編—陳慶祐
責任編輯—王俞惠
責任企劃—汪婷婷
封面設計
　　　　　—evian
內頁設計
插　　　畫—李希拉

董 事 長
　　　　　—趙政岷
總 經 理
總 編 輯—周湘琦
出 版 者—時報文化出版企業股份有限公司
　　　　　10803 台北市和平西路三段二四〇號七樓
　　　　　發行專線—（〇二）二三〇六—六八四二
　　　　　讀者服務專線—〇八〇〇—二三一一七〇五
　　　　　（〇二）二三〇四—七一〇三
　　　　　讀者服務傳真—（〇二）二三〇四—六八五八
　　　　　郵撥—一九三四四七二四時報文化出版公司
　　　　　信箱—台北郵政七九～九九信箱
時報悅讀網—http://www.readingtimes.com.tw
電子郵件信箱—books@readingtimes.com.tw
第三編輯部生活線臉書—www.facebook.com/ctgraphics
法律顧問— 理律法律事務所　陳長文律師、李念祖律師
印　　　刷—華展印刷有限公司
初版一刷— 二〇一五年一月十六日
定　　　價— 新台幣 三八〇 元

特別感謝— 2080 口腔護理　愛活養樂 Aekyung　go movie 得利影視

ISBN 978-957-13-6162-8
Printed in Taiwan

國家圖書館出版品預行編目 (CIP) 資料

不趕路的親子休日：
Selena 的旅行提案 × 手作體驗 × 親子對話 / 洪淑青著 .
-- 初版 . -- 臺北市：時報文化，2015.01
232 面；17×23 公分 . -- (玩藝；10)
ISBN 978-957-13-6162-8(平裝)

1. 親職教育 2. 旅遊 3. 勞作

528.2　　　　　103026072